美国公立学校教育体制研究

MEIGUO GONGLI XUEXIAO JIAOYU TIZHI YANJIU

于子倩◎著

中国传媒大学出版社
·北京·

图书在版编目(CIP)数据

美国公立学校教育体制研究/于子倩著.—北京：中国传媒大学出版社，2017.10
ISBN 978-7-5657-2098-7

Ⅰ.①美… Ⅱ.①于… Ⅲ.①公立学校—教育制度—研究—美国
Ⅳ.①G571.28

中国版本图书馆 CIP 数据核字（2017）第 197298 号

美国公立学校教育体制研究
MEIGUO GONGLI XUEXIAO JIAOYU TIZHI YANJIU

著　　者	于子倩
责任编辑	黄松毅
特约编辑	李克俭
封面设计	拓美设计
责任印制	阳金洲
出版发行	中国传媒大学出版社
社　　址	北京市朝阳区定福庄东街 1 号　邮编：100024
电　　话	86—10—65450528　65450532　传真：65779405
网　　址	http://www.cucp.com.cn
经　　销	全国新华书店
印　　刷	北京中科印刷有限公司
开　　本	710mm×1000mm　1/16
印　　张	12.75
字　　数	148 千字
版　　次	2017 年 10 月第 1 版　　2017 年 10 月第 1 次印刷
书　　号	ISBN 978-7-5657-2098-7/G・2098　　定　价　52.00 元

目　录

前 言

教育,作为关系到个人成长和国家安全的“百年大计”,总是牵动着无数人的神经。随着现代社会的发展,教育的重要性日益凸显,人们对于教育的重视程度也达到了空前的高度。从官方媒体到社交平台再到日常闲谈,教育总能成为热门话题之一。这些或中肯或偏激的探讨,也让身处教育第一线的笔者时常感觉到一种莫名的焦虑。或许正因为笔者身处教育第一线,这种感触就更为深刻,有时甚至会觉得被压得喘不过气来,生怕自己一不留神也成了误人子弟的罪人。

然而,在几年的高校教学中,笔者却越发感受到了一种心有余而力不足的无奈。相比于现行教育制度中存在的种种亟待改善的弊端,更让笔者感到气馁的是中国高校学生在学习中表现出来的一种冷漠感。这种冷漠不仅仅体现在日常的待人接物中,还普遍表现在课堂上学生们对学习的冷漠。

或许是由于长期以来深受应试教育的影响,中国很多学生在基础教育阶段就已然形成了向考试看齐的学习方式和学习习惯。学习就意味着考试,“知识”就意味着能让自己在考试中取得优异的成绩。进入高校以后,不少学生依旧保持着之前的思维习惯。笔者自执教以来被学生问及最多的便是有关考试的问题,身边的同事也大都有着与笔者相似的感觉。不论在课前如何进行教学设计,也不论在课堂上讲得如何"天花乱坠",对学生的吸引力都比不过一句"这是考试重点"来得有效。即使这不过是高校教师间的一些自我嘲弄,但却流露出了一种悲哀。很多高校教师为改变这样的现状也做出了不懈的努力和尝试,试图通过教学方法的改变促成学生学习模式的改变,但却收效甚微。终于,教师们也不得不向现实妥协,又再次回到应试教育的老路上去。这样的结果是,学生们在离开学校走上工作岗位的时候才恍然发现,自己在学校里所学的"知识"一无是处,十几年的寒窗苦读似乎百无一用,于是又回过头来指责中国的教育和教育制度。

夹杂在这些对中国现行教育体制,尤其是对基础教育不满之中的,还有对欧美国家教育体制的羡慕和推崇之声。若说中国基础教育质量不好,似乎有欠公允,先不提在国际竞赛上获奖无数的中国学生,单就美国国内不少教育家就改革美国基础教育时提出要向中国学习,就足以证明中国的基础教育并不像一些评论家说的那样糟糕透顶。但不容置疑的是,随着学生年龄的增长,这些原本处于领先地位的中国教育却渐渐落后。尤其是进入高校以后,曾经在各种竞赛中斩获大奖的学生们,或被指责不具备做学术研究的能力,或被指责缺乏实践动手的能力,又或被说是头脑僵化、不懂创新。然而在群情激昂的讨论中,西方的教育不仅被增添了神奇的色彩,也让一些家长开始变得迷信,盲目地将自己尚在接受基础教育的孩子送到国外。

2012 年 8 月,笔者有幸得到了参加国家汉办与美国大学理事会合作的"美国汉语志愿教师项目"的机会。该项目将安排志愿教师到美国当地学校进行有关中国语言、文化、历史以及文学等相关科目的教学。一来是项目与笔者本身专业对口,二来是想对美国教育制度一探究竟,这两个目的使笔者最终决定赴美执教。赴美后,笔者被安排到美国的一所公立小学任教。虽然在小学执教这件事看起来和笔者的本行相差甚远,但其实小学教育作为整个基础教育的根基,不仅对提高整个教育体系的质量具有举足轻重的作用,而且对个人的知识能力、身体素质、思想品德以及行为习惯的养成也具有至关重要的启蒙作用。想要从根本上发现并且改善中国的教育,小学或许正是最好的出发点。长期以来总是听到周围的家长朋友们对中国的基础教学,尤其是小学教育的各种抱怨,如今也算是有机会亲眼见识一下国外教育制度以及基础教育是否真如人们口耳相传的那样让人神往。唐太宗李世民曾说:"以铜为鉴,可正衣冠;以古为鉴,可知兴替;以人为鉴,可明得失。"因此笔者也希望以美国教育制度为鉴,既可以借他山之玉,也可以免前车之覆。

美国人将基础教育称为 K-12,其中 K 代表 kindergarten,数字 12 指 12 年级,也就相当于国内的高三,意思是从 kindergarten 到高三。不过这里的 kindergarten 所指的并不是我们通常意义上的幼儿园,而是相当于中国的学前班。美国的学前班主要接收年满 6 岁的小孩,学期为一年。由于现在很多美国小学都设有自己的学前班,因此在美国人谈及基础教学时常常也将学前班包含在内,统称为 K-12。

美国公立小学的学制从 4 年制到 8 年制不等,每个小学可以根据自己地区的具体情况对学制进行选择。关于学制的问题笔者会在本书第二章进行详细说明，在此就不赘述了。

从办学性质上说，美国的学校教育可分为公立和私立两种。其中公立学校又可以细分为普通公立学校、磁石学校和特许学校，私立学校则包括教会学校、专有学校和独立学校。在普通公立学校、磁石学校以及特许学校就读的学生不用承担任何学费；而教会学校、专有学校、独立学校以及其他私立学校则会根据具体情况对学生收取一定的费用，每年的学费从6千美元到4万美元不等。近年来随着教育数字化的兴起，让孩子接受家庭学校的教育也成为不少美国人的选择。

在正式开始本书之前，请允许笔者首先对自己所在的小学做一个简单的介绍。笔者赴任的是一所普通公立小学。这所名为希尔顿黑德岛小学的公立学校位于美国南卡罗莱纳州的希尔顿黑德岛。岛上一共设有两所公立小学，希尔顿黑德岛小学便是其中的一所，隶属于博福特学区。该小学是一所普通的公立 IB（International Baccalaureate）小学。所谓 IB 小学是国际文凭组织 IBO（International Baccalaureate Organization）设立的 IB 项目的组成部分之一。该组织是经联合国科教文卫组织注册的非营利的一个国际教育基金会，成立于 1968 年，总部设于瑞士日内瓦。国际文凭组织为 3～19 岁的青少年设立了四个教育项目，其中 IB 小学是国际文凭组织为 3～12 岁的学生设立的小学项目（PYP, Primary Years Programme）。

IB 项目的最初是为了保证生活流动性较大家庭的子女在学校学习的连贯性而设立的，其教育理想是培养具有国际视野、理解和尊重文化多元并富有人道主义精神的世界公民。IB 小学项目始于 1997 年，为了符合 IB 项目的教学要求，所有的 IB 小学都有着与国际文凭组织项目教育特点以及与教学主旨相关的课程结构和评估标准。根据维基百科的数据，截至2016年3月，全美一共有500所IB小学。而据另一不完全统计，截至2013年秋季，美国国内拥有超过9万所注册小学。笔者之前提到过，美国不同的公立小学的教学质量和教学风格差异很大。单就IB小学与全美小学数量对比来说，IB小学的教育似乎并不足以代表全美公立小学的教育情况。不过俗话说"管中窥豹，可见一斑"。作为学区和州教育委员会管辖的直属学校，聘用具有各州教育委员会认可的教学资格人员作为学校教师的希尔顿黑德岛小学，当然带有浓郁的美国公立小学的教育特色。因此，笔者希望能以希尔顿黑德岛小学为例，以小见大地将美国公立学校的教育情况呈现给读者。

希尔顿黑德岛小学所在的南卡罗莱纳州教育的整体质量就美国全国范围来说并不乐观。造成这一现状的原因有很多，一方面和南卡罗莱纳州的社会经济发展水平较低有关，另一方面和该州的历史以及人口构成也有着一定的关系。而这两个方面也是造成美国所有学区教学质量出现优劣之分的最主要的两个因素，而且学区人口构成还会直接影响到各个学区的具体教学政策。比如笔者所在的博福特学区有较多的拉丁裔学生，学区所属学校自然对这些小孩的教育尤其是语言教育格外用心。一来是因为这些拉丁裔学生家庭的物质生活水平较低，其中一些家庭的父母甚至不具备熟练的英语语言交流能力，极个别家庭的父母还时常面临着因非法入境而被驱逐的困境。为了保障这些家庭的孩子接受高质量的教育，博福特学区也专门制定了针对这类学生的教育方案，并配备了西班牙语翻译人员，以便为这些家庭提供必要的帮助。

笔者虽然是以志愿者教师的身份来到学校，但在任教的两年时间里,笔者和学校其他的年级班主任一样承担了相同的教学任务。就是这样在美国公立小学教育第一线连续两年的教学经验,让笔者亲身体会了之前从未经历过的、全新的教学生活。虽然,这一切对于笔者来说都是陌生而又让人兴奋的,但在这一过程中笔者也面临许多前所未有的教学挑战:从大学学生到小学一年级学生,不仅仅是教育对象从成人变为了低龄儿童,还有其他诸如教育理念、教学方法、课堂管理、校方以及家长的沟通等问题,都需要笔者从头做起。

起步总是会伴随着种种困难,但是在国家汉办、美国大学理事会以及当地学区、学校各方的支持和帮助下,两年的执教经历让笔者收获满满,笔者不仅在美国小学的教学过程中、在与美国当地教师的切磋以及和美国家长们的交往中,逐渐对美国的基础教育有了一些直观和理性的认识,同时也近距离和美国的基础教育进行了一番饱含酸甜苦辣的亲密接触。

书中大部分描述源自笔者在希尔顿黑德岛小学教学生活的经历以及所见所闻,其中穿插了一些自身的感受及反思。笔者写作本书的初衷是想让大家看到美国学校的真实状况,因此在写作中尽可能客观地对所见到的美国公立学校进行描述。

本书除去前言,共分为三个章节:第一章是有关美国公立学校教师制度的介绍,包括教师资格证的取得、教师的福利待遇以及公立学校教师的日常教学情况等;第二章是关于美国公立学校基本情况的描述,包括美国学校的安保措施、教育理念、管理制度等;第三章是美国公立学校学生的学习生活情况,包括作业、考试、集体活动等。通过这三方面情况的描述,笔者希望能够呈现出一个比较完整的美国学校教育的全貌。

此外，由于美国联邦政府并没有对各州以及各学区的公立学校进行统一管理，再加之地区间文化历史、社会经济发展的差异及教学资源分布不均，美国基础教育也存在着地区发展不平衡的现象。其实，美国不同州、不同学区间公立学校的差异很大，以笔者两年间在美国南卡罗莱纳州同一学区同一所学校的任教经历很难以一概全。笔者写作此书的目的是希望将自己在美国公立学校的所见所闻所感还原于纸笔，一方面是对自己两年志愿者教学生活的总结和反省，是对在两年时间里给予我无私帮助的教师同行以及当地友人们表示感谢；另一方面是希望给想要了解美国公立学校教育的人们呈现出一个客观真实的面貌，借自己的经历为更多有志于改善中国教育而奋斗的人们尽到绵薄之力。受自身阅历、专业以及个人能力所限，本书难免会有不足之处，在此恳请各位给予帮助和指正。

第一章　教师篇

第一节　美国公立学校教师工作概述

在美国公立学校当教师并不是一件轻松的事情。因为如果想要在美国公立学校成为一名合格并长期投身教学第一线的教师,不仅要有相关的知识素养、强健的身体,坚强的内心也是必不可少的。一旦成为美国公立学校的教师,首先需要面对的便是每周高强度的工作安排。根据工作合同,美国公立学校小学教师每周的法定工作时间为35个小时,但是教师们正常的教学时间就已经接近35个小时,再加上在学校活动中充当义工、与家长会谈以及参加教学相关会议和培训的时间,大多数教师每周花在工作上的时间都远远超过了35个小时,更不要说用于备课和布置教室所花费的精力了。为了保质保量地完成各项教学任务,教师们甚至还不得不在周末来到学校加班。因此,在这样高强度的工作负荷下,如果没有健康的身体作为后盾,是很难长期坚持在教师这个岗位上的。

每日高强度的教学任务还仅仅是美国公立学校教师所面对的压力之一。更多的时候,让教师们感到心力交瘁的是来自家长的抱怨和指责。由于美国公立学校的办学经费主要依靠联邦、州以及地方各级政府的财政拨款,其中很大一部分都依赖各项税收,包括个人所得税、消费税和财产税。作为纳税人的家长不仅对学校和学区事务有着相当高的参与度,还享有对学校和学区教学运行的问责权。因此,家长也自然十分关注教师的日常管理和教学。虽然美国的家长很少用“望子成龙”来形容对自己孩子的期盼,但是内心也总认为自己的孩子是最棒的,并且毫不避讳对孩子使用各种溢美之词。一旦孩子在学校的表现与自己的期望出现了偏差或者感觉孩子在学校受到了“委屈”,这些拥有问责权的家长难免就会对相关教师十分挑剔。学生回家后的随口抱怨,教师布置的家庭作业以及标准化考试的成绩,都可能成为家长对教师不满的导火索,甚至还会引发对教师的口诛笔伐。

校方一旦收到家长的投诉,就会在第一时间与相关教师联系,以便了解具体情况。为了平息家长的不满、解答家长的疑问、打消家长的顾虑并最终取得家长的谅解,校方会尽快安排相关教师与家长进行面对面沟通。这种面对面的会谈大多被安排在放学以后。这时,已经被一天的教学弄得筋疲力尽的教师,还不得不提起十二万分的精神来倾听来访者的意见并进行一一解答。在美国并没有所谓“尊师重道”的传统,因此很多家长在来访时并不会因为对方是教师而收敛自己的锋芒。很多时候教师们如果没有强大的心脏,确实很难招架住来势汹汹的家长。因此,对于美国公立学校的教师们来说,坚强的内心也是让自己立足于教学第一线的必备武器。

既然工作量如此之大,那么美国公立学校教师的收入又怎样呢?由于地区社会经济发展的不平衡,美国各个州公立学校教师的工资收入是有差异的。总体来说,美国公立学校教师的收入大致与当地的平均收入持平。正常情况下,教师们的工资高低与教师自身的学历和工作年限成正比。在同等条件下，拥有硕士学位的新教师比本科毕业的新教师年薪要高出 1 万美元左右。这样的薪资水平与其他一些职业比较相对较低。很多新教师的工资会根据美国相关规定扣除联邦政府和州政府的两次税金，再加上缴纳的一些其他费用（医疗保险、退休金等）之后，实际存入教师账户里的工资已所剩无几。以南卡罗莱纳州博福特学区为例，硕士毕业的新入职教师每个月实际到手的收入大概在 1300～1400 美元左右。这对于还要维持日常开支的教师们来说，想要拥有自己的存款更是天方夜谭。因此，也曾有同校的教师开玩笑地对笔者说，为了生活下去她必须结婚，至少两人一起承担房费会让自己的生活压力减轻不少。这虽是玩笑话，从中也不难看出他们对教师工资待遇的不满与无奈。其实，美国公立学校教师工资偏低已经成为美国社会普遍存在的问题。付出和收入不成正比不仅让很多人离开了教学岗位，还迫使很多学习教育相关专业的高学历毕业生放弃投身教育事业的打算，这些都在一定程度上造成了教育人才的流失。有研究曾经指出，在美国公立学校，新教师入行后的 2～5 年是离职高峰期，且大都是已经通过新教师评估并且是学区正式聘用的职员。不管是经济原因还是社会地位原因，其所造成的师资流失，对于保持教师队伍的连贯性以及提高教师队伍质量的持续性都是沉重的打击。

不过虽然工资不高，但美国公立学校的教师们却有着不错的福利保障。一旦和学区正式签订合同，作为公共事业职员的教师就能享有一定的公务员特权，包括良好的健康福利制度和退休金福利待遇。因此，美国公立学校虽然教师工资不高，却还是能吸引不少人坚守在教学前线。众所周知，医疗成本高在美国已经成为不争的事实。暂且不说牙科或者眼科等专项治疗的花销一次就可能高达数千美元，就是普通感冒也可能会花费数百美元，因此，每年都有很多美国人因为无法承担高额的医疗费用而错失治疗良机。奥巴马政府虽对此也进行过艰苦的医改斗争，但是收效甚微。相比那些因为无力承担医疗费用而放弃就医的人，享有学区医疗保险的教师就幸运得多了。根据相关政策，学区会提供不同档次的保险计划供教师选择。其中一些保险项目的费用完全由学区负责，而另一些需要教师和学区一起负担的项目，教师也只需要支付很少的费用即可。为了确保教师了解并且更好地选择适合自身情况的医疗保险计划，每学年开学之初，学区都会有专职人员负责解答教师关于保险的疑问，教师可以通过邮件、电话与专项人员直接沟通；学区还会安排这些专项人员在指定的日期到辖区的各个学校现场解答教师的疑问。

除了享有相对优厚的医疗保险，学区为教师提供的退休金计划也是不少人坚守教师这一岗位的重要原因之一。美国公立学校教师退休金属于福利式退休金模式，所有州的正式教师在退休后都能享有学区提供的一定金额的退休金。很多州规定只要工作满一定的年限，教师便可以享有全额的退休福利。以南卡罗莱纳州为例，2014 年该州规定，年满 55 周岁且工作满 25 年的教师就可以申请退休金；年满 55 周岁且工作满 28 年并且每月缴纳了工资比例的 6.5% 作为自己退休金的教师就可以申请全额退休金。虽然已经有议员考虑将教师全额退休金提取的工作年限延长至 30 年，但即使这一提议通过，美国教师的退休金制度也普遍好过其他很多行业。与笔者同校的好几位教师都曾经非常直接地表述，为了保证自己退休以后的生活质量，不管现在的工作再怎么累再怎么不开心，也要坚持到能申请最低退休金计划的工作年限，甚至还有人表示会奋斗至有资格领取全额退休金。不过，要坚持在学区工作至领取全额退休金也不是一件容易的事。由于美国公立学校教师和学区的合同是一年一签，因此当教师到了一定年纪，学区就会开始考虑要不要继续与其续约，如果教师的教评差强人意或者没有合适的教学项目，即使教师本人希望继续留任也不得不接受提前退休的现实。

当然，悠长的假期也是教师工作吸引人的原因之一。虽然美国公立学校教师日常工作的强度常常让人喘不过气，但是长达两个月的暑假还是让不少人羡慕不已。即使所属学区不同，按照相关规定，美国大多数公立学校教师一年的法定工作日在 190 天左右。在这 190 天中，教师们还享有一定天数的带薪病假或事假，如果没有请休病假和事假，还可以累计进行一次性休假。随着工作年限的增加，教师可以享受到的带薪假期也随之增加。不过学期内的休假多少会影响到学校的正常教学，因此，有的学区为了鼓励教师全勤，还会对全年无休的教师进行额外奖励。

相对稳定的工作环境、比较规律的作息时间等也成为教师这一职业受人青睐之处。因此，虽然美国公立学校教师的收入低、工作量大，但还是有不少人愿意选择并坚守在这一岗位。

那么究竟如何才能在美国成为公立学校的正式教师呢？美国公立学校教师日常的教学又是什么样子的呢？这些教师是否对自己的工作感到满意呢？对于这些疑问，笔者将在接下来的章节里一一进行阐述。

第二节　美国公立学校教师资格及新教师培训制度

在美国公立学校小学部，根据具体的教学分工可以将教师分为班主任教师（mainstream teacher）和专项教师（specialist）。班主任教师主要负责整个班的教学管理工作,专项教师则根据自己的教学分工对具体的教学任务负责。在美国公立学校小学部的日常教学中,班主任教师和专项教师一起肩负着维持学校教学正常运行的重任。

不管是班主任教师还是专项教师,要想在美国学校取得正式的教师身份,都必须先取得相关的教师资格证书。如果有志成为学校教师,可以向当地教育委员会提出申请。一般情况下,教师资格证申请人都需要先通过资格考试,考试合格以后才能够提交申请。

正如上文提到过的,由于美国各州教育发展情况不尽相同,加之社会文化的地区差异,因此每个州都有各自对教师资格证的不同要求,其考试的难易程度也因各州相关细则而各有不同。例如,南卡罗莱纳州规定,申请者必须具有教育相关专业的正规学历,而邻近的佐治亚州则只要求申请人具备大学本科学历以及一定的教学经验即可。有一位曾在佐治亚州获得了教师资格证书的朋友来到南卡罗莱纳州后,因为所受的教育背景里没有与教育专业相关的学习经历,所以一直未能取得正式的执教资格。因此,即使这位教师朋友已经获得了学校提供的教学岗位,在为期两年的教学里也得不到与正式职员一样的福利待遇。为了获得学区的认可,她不得不到大学里自修相关专业的学分。但是一方面要照顾家庭,另一方面要完成学校的教学任务,她一连两年都没能修够所需的学分。对此她也只能无奈地笑笑说,慢慢来吧。

通常情况下,教师资格申请人的年龄和职业经历并不会成为教师资格证考核的评判标准。因此,每年除了教育专业的毕业生,还会有很多来自其他各行各业的人士向当地教育委员会提出申请。这些人士或者是多年以后重返教育岗位的“老”教师,或者是从其他行业半路“出家”的新人。不过考取教师资格证也并不意味着永久获得教师资格，现在美国大多数州教师资格证的使用年限是 5 年。所以获得了资格证的教师每 5 年还需要向当地教育委员申请更新自己的资格证书。

教师资格申请人一旦考取了资格证，就可以向公开招聘的学校提交自己的申请并等候通知了。美国学校职员的正式任命需要经过学区的批准，申请人在得到学区和学校肯定的回复以后，会在新学期开学前一个星期收到学区进行报到注册的通知。注册当天会采集新教师的信息，以供学区制作教师磁卡之用。学区会根据新教师的具体职位赋予这些磁卡相应的权限，比如对本校电子设备的使用以及本校校门进出的权限，这代表着申请人已经正式成为学区的职员。对于新教师来说，这是非常令人激动的。

不过这种激动并不会持续很久，因为在学区完成了报到注册，并不意味着这些新教师已经合格，可以高枕无忧了。美国新进学校的教师通常还需要度过为期两年的实习期，实习期合格以后这些获得了教师资格证的申请人才能真正意义上成为学区的正式教师。这两年的实习期对于很多新进教师来说都是备受煎熬的，而这种煎熬往往从新教师们在学区报到的第一天就开始了。

新教师来到学区报到注册的当天，往往需要参加由学区统一组织的培训。千万不要小看这个开学前的培训，这样做一来是为了帮助新教师在开学前了解学区的状况，包括各部门的主要联系人员、学区的保险福利以及教学情况等；二来也意味着新教师为期两年的实习期正式开始。

由于美国学区大多对新进教师实行导师制，因此在培训会上，还会为每位新进教师指定实习期间的指导教师。指导教师一般由本学区经验丰富的老教师担任。指导教师一方面要负责为新教师答疑解惑以帮助他们更好地了解学区文化，另一方面要对新教师进行教学听课评估并向学区汇报评估结果。这些汇报对于新进教师是否能够顺利通过实习期并最终获得学区正式教师的资格具有举足轻重的意义。要知道这些指导教师很多都是学区的优秀教师,其中一些或许已经离开了教学岗位,但是仍在学区担任非常重要的职位,具有很高的威信。因此,每逢收到自己指导教师要来进行听课评估的消息时,考察期的新教师多少都会有些忐忑不安。为了避免因过于紧张而在课堂上出现失误,不少人会提前向学校里其他经验丰富的教师请教对策。

同时,在当天的培训会上,学校领导还会为新教师布置近期内需完成的作业清单。这些作业包括阅读推荐书目,观看教学示范视频以及学习教学案例等。所有的作业都需要按照清单规定的日程提交给自己的指导教师。

除此之外,等待新教师的还有持续整个学年的各种专项培训会议。这些类似研讨会的培训,大多被安排在教学日放学后 1 个小时左右开始,很多时候需要新教师阅读大量的文献,并按时提交书面作业报告。如果培训地距离学校较远,为了避免迟到,新进教师们还不得不向学校告假提前离校。要知道美国学校的教学任务和日程安排是非常紧张的,新教师一方面要按时完成培训作业以获取学分,另一方面又不能耽误正常的教学以免引起家长的不满,很多人不得不在课后和周末加班,不少人也因此常常处于情绪崩溃的边缘。

笔者留美的短短两年时间里就亲眼见证了同校几位新进教师所承受的压力。这些新教师中既有首次开始教学生涯的,也有重返教学岗位的。其中有一位年轻教师,刚刚获得英国某大学的硕士学位,漂亮聪慧,新婚燕尔,学术上一直很优秀的她刚踏入工作岗位可谓是踌躇满志、意气风发;在实际教学中这位教师上手也非常快,不论是教学效果、学生管理、教室布置还是与家长沟通都得到了校方的赞许。而这些赞许的背后是她日日加班、默默付出的辛勤。日积月累，过度扑在工作上导致她疏忽了家庭生活，招致她丈夫的不满，埋怨她花在学校的时间太多。于是她只能从中妥协，取消周末加班，多陪陪家人。但即使是这样，学区的培训和指导教师的听课也还是让她有些招架不住。

评估压力不仅对第一次执教的新教师来说如此，对于重返教学岗位的老教师来说也是如此。这位新教师入校的第二年，另一位年近五旬的教师也开始了重返教学岗位的生活。即使是有过教学经验的老教师，她还是常常被各种教学组织弄得焦头烂额，只能每天起早贪黑，周末也会独自到校开小灶加班。不过好在这位教师得到了老伴的支持，在她加班的时候，她老伴常常来学校陪伴，有时还帮忙布置教室，每当老伴来学校时，这位教师都会露出难得的笑容。

或许你会问，既然新教师这么辛苦，为什么学校不让老教师帮一帮忙呢？说到这里，就不得不提一下美国的教育管理责任制度。美国的教育体系有着严格的管理制度。正如美国社会是一个严格的法治体系社会一样，美国的教育系统也一丝不苟地遵循着各种法规制度，隶属于基础教育系统的美国公立小学自然也不例外。美国公立小学的一切人事管理、日常事务以及教学组织都必须严格按照联邦政府、州政府以及当地学区的规定进行，有时甚至会让人觉得美国人太过于程序化且丝毫不讲人情。不过这也在另一个方面使学区的工作人员能够权责明确、有条不紊地进行工作。在这样的工作氛围下，为了规避风险和责任，同事间对涉及自己本职职务以外的事情就显得非常谨慎，即使私交很好也很可能在你遇到困难时只能表示精神上的支持或者同情，并且大多数人会认为这是当事人自己应该面对并且承担的。这在很多中国人看来，多少也算一个不大不小的文化冲击。不过好在美国的学区大都对新教师采取导师制度，新教师如果真的遇到困难，导师们也会挺身而出。

相对于这些程序化的制度，最让新教师头痛的还是如何应对家长的质疑。正如前面提到过的，美国的家长对于学校的教学有着极高的参与度，对于教师的教学也格外挑剔。虽然并不仅仅是新教师会受到家长的质疑，但是新教师更容易成为被挑剔的对象。学生回家后一句无意的抱怨、家长间的闲聊都可能成为教师被质疑的导火索，如果遇见不依不饶的家长还得请校长或者相关负责人一并列席。这其中不乏学生家长自己遇到了烦心事或者出于工作压力而将气撒到教师头上的情况。

一位与笔者身处同一教学项目的当地教师在任教之初就碰见了这样的事情。这位教师告诉笔者，她在初任班主任的第一年突然接到了校长的邮件，被告知有位家长对孩子在学校的学习效果非常不满，要求与班主任教师进行深度约谈。这位家长的孩子平时在班里表现属于中规中矩，学习成绩也一直处于中游。但是该名学生的家长坚持认为是现任班主任教师的教学能力有限和教学方法不当才导致学生在学业上进展缓慢。在几次邮件协商未果之后，校方不得不安排这位班主任与家长进行面谈。然而在长达 1 个多小时的会谈中，这位家长所谈及的内容全是对本州教学大纲和教学质量的抨击。笔者的这位教师朋友说，这位家长原本是单亲妈妈，一个人抚养孩子压力很大，而最近又刚刚失业，心情非常不好，碰巧孩子的标准化测试结果不理想，于是找不到地方出气的她就以此为借口对孩子的班主任横加指责。后来笔者才知道，这位家长不仅给校长写了信，还在自己的社交圈里大放厥词说学校教育毁了自己的孩子。对此，这位教师朋友也只是耸耸肩，笑着说还有其他教师遇到过更过分的事情，习惯就好了。听到这里，笔者也只能竖起拇指对她表示由衷的佩服。

那么，最终通过了重重考验才获得教师资格证的美国公立学校教师们又承担着怎样的教学工作呢？这些教师的工作与中国学校教师的工作有何异同？笔者将在第三节对此进行详细介绍。

第三节 美国公立学校教师的教学分工

本章前面的部分已经提到，根据教师所承担的教学任务，美国公立学校的教师主要分为班主任教师和专项教师。这看起来和中国是差不多的，但不同的是，美国公立小学实行的是年级包班制，班主任教师不仅对自己所带的班级直接负责，还需要负责多个科目的教学工作。也就是说，这些班主任教师并不仅仅只负责语文、数学或者科学其中一门学科的教学，还要负责该班几乎所有核心课程的教学。而美国公立小学的专项教师也不仅仅是学科的分工不同，有时还担任着其他相关工作。首先，来了解一下美国公立小学班主任教师的日常教学工作。

一、班主任教师(Mainstream Teacher)

上文提到的“包班制”，其实就是班主任教师对整个班的学生以及日常教学负责。班主任教师不仅要负责整个班的日常管理工作，还要负责包括语文(English Language Art，ELA)、数学、科学以及社会科学在内的各个科目的教学任务，因此他们也被称为“全科教师”。作为“全科教师”，班主任教师必须非常熟悉本州以及本学区有关各个科目的最新教育文件。这些教育文件对本州每个年级、每个科目的教学内容和教学目标都提出了详尽的要求，而且为了避免教学内容与实际发展脱节，每3～5年学区就会对包括教材在内的教学项目进行知识更新，教师们的教学内容也必须随之调整。正因为如此，即使长期从事同一年级的教学，教师们也需要常常聚在一起，重新学习并讨论研究每个科目、每个单元的教学要求、目标以及确定学生学习情况的评价方式等，以确保自己的教学能够符合学区和本州的要求。所以美国公立小学的班主任教师，在学校里工作最多、责任也最为重大。班主任教师因此也常常把自己的一天比作打仗，他们不仅需要完成满满当当的教学任务，还要跟学生斗智斗勇。

作为"全科教师"，美国公立小学的班主任教师一旦踏入学校大门，就进入了"几乎没有暂停的播放模式"。以希尔顿黑德岛的小学教学日程为例。按照教学日程安排，班主任教师每天的教学是从早上8点30分开始一直持续到下午3点20分。在近7个小时的时间里，教师几乎得不到停息的机会。虽说正式的上课时间是早上8点30分，但很多教师在8点之前就会到达教室开始着手一天的教学准备。当8点30分学生们到达教室以后，班主任教师就需要寸步不离地守着自己的教室。因为根据美国的相关法律规定，未成年人不能被单独留在教室内。所以班主任教师哪怕是想去厕所，也需要找别的教师代守教室，否则将被视为失职，严重的还可能受到法律控告。

对于忙得晕头转向的班主任来说，最期盼的便是每天教学日程中自己班级的轮转时间段。所谓"轮转时间"，就是学生们离开班主任教师去接受某项专项课程的学习。根据美国中小学教育的要求，为了学生的全面发展，学校还会开设包括美术、音乐、体育、形体以及强化学生数学和阅读能力的其他课程。除了班主任教师任教的英语、数学、科学和社会四门科目，孩子们每天还会到一位科任教师那里接受相应的课程学习。例如，笔者所任教的小学就开设了体育、形体、艺术、音乐、电脑、外语、图书馆学习、数学强化以及读写平衡等课程。这些课程会在每天的某个时段进行轮转。按照教学安排，每个年级每天会有50分钟的专项课程时间。这期间班主任教师只需负责在上课时间将学生带到指定的班级，并在下课时间准时接学生回教室即可。这段间隙对班主任教师来说是能得到片刻休息的最佳时机。

远离了精力旺盛的学生们的吵闹，班主任教师也终于可以静下来做做自己的“私活”了。不过所谓的“私活”也就是查收学校的邮件、批阅学生的作业、计划教室的布置以及准备接下来的教学。可惜并不是每一次轮转时间都能让班主任教师们享受到这片刻宁静。正因为这是难得的同一年级所有班主任教师都处于空闲状态的时段，学校也常常见缝插针地将各种年级统一培训会议安排在这50分钟的时间里。每逢遇到这样的情况，班主任教师即使已经筋疲力尽也不得不抱着各种文件接受再教育。

午餐时间是班主任教师们另一个能稍作休息的机会。短短的20分钟里，同年级的班主任教师之间除了相互诉苦外也会趁机聊聊天、联络感情。但是美好的时光总是飞奔而逝，大家不得不赶在午餐结束前把自己的学生领回教室，以免耽误下一个年级的学生用餐。在人手短缺的美国公立学校，班主任教师时常还需要肩负起维持午餐秩序的责任，与学生们一同进餐。这时，各种穿插于午餐前后的偶然事件都会打断班主任教师的正常进餐，以至于这些教师不得不把自己的午餐再带回教室。

在完成日常教学工作的同时，班主任教师还需要承担和完成其他的一些工作任务。其中一项便是按时填写学生成绩报送单的相关评语。通常情况下，这种评语每个学期都需要填写一次。美国公立学校的一个学年通常被划分为四个学期,因此班主任教师也就需要填写四次评语。(关于学期的划分将在第二部分进行详细论述,笔者就不在此赘述了。)在填写这些评语时,他们大多会选用一些具有激励性质和正能量的语句,然后结合学生的具体表现进行评价,并且简要告诉家长下一学期教师针对该名学生的教学重点。不要小看这三五句评语,对于教师来说,写出一份完美的评语也蕴含着深厚的学问。一位美国公立学校教师就曾经告诉笔者,写评语时词语的选取、句子的语气和结构的使用都非常重要。既不能让家长觉得你写得千篇一律,缺乏针对性,也不能让家长因为你的表达产生疑问而招来不必要的麻烦。不少谨慎的教师往往会花上好几个晚上研究学生这一学期各个科目的考试成绩以及综合表现来决定每个学生的评语措辞。

除此之外,让班主任教师感到最头痛的工作要算班级的日常管理了。除了每天早上在教室门口欢迎学生的到来,班主任教师还需要提醒学生们的衣着以及作业的分放、厕所的使用,并且负责饭卡的收发、课间休息安全以及担当放学时校车领队等。对学生的日常行为进行管理,常常会花费教师大量的时间和精力。因此,有经验的教师会在新学期伊始,尽力让学生们熟悉各项流程以及行为规范,在开学之初养成良好的行为习惯。在大家对美国学生的创新精神大加赞扬的时候,美国的教师们却对此时常怨声载道。很多美国教师认为,正是因为长期以来美国教育过分强调个性的自由发展,而缺乏对学生行为养成的约束,才使得美国学生在课堂上行为散漫,并且缺乏对于教师的基本尊重。初到美国之时,不少美国教师在听说笔者来自中国之后,都纷纷表达了对于传说中的中国学生课堂行为“令行禁止”的羡慕之情。从他们的表情不难看出,这些教师们已经被极具“创造力”的美国孩子折磨得够呛。

其实，美国的学校大多还是有对学生行为规范的各种要求，这些要求还被很多教师制作成醒目的标示牌放置在教室显眼的地方。平时上课或者集会的时候，教师和校长也都会反复向学生们强调行为规范的重要性。但是鉴于“让学生自己探索”的教学理念以及相关法律的规定，美国教育界往往不提倡对学生行为做统一规范，也不大会对学生的“非伤害性”行为做严格控制。一般说来，只要不严重影响授课以及其他学生的学习，教师并不会进行过多干预。因此美国教师讲课时，学生们在教室里自由地走来走去已经成为普遍现象。长此以往，学生们自由的天性虽然得到了解放，但是教师们的权威也受到一定程度的挑战。随着学生年龄的增长，课堂行为也变得越来越难以约束。为了确保自己的威信，不少美国公立学校教师甚至不得不坚持“从新学期开始到圣诞节前都不在学生面前露出笑容”这类不成文的行为法则，以便让学生对自己产生足够的敬畏感。

美国公立小学班主任教师还有一个极为重要的工作就是教室布置。事实上，教师们的教室布置在一定程度上已经成为美国小学的一种校园文化。步入美国的小学教室，你会立马发现这里的个性，这些教室或色彩斑斓、或整洁清爽，而且绝对没有重样的。

在班主任教师看来，教室作为学生们日常学习的主要场所，舒适的布置和温馨的气氛会减轻学生的不安全感，而良好的教室气氛又能让长期待在教室里的师生们保持美好而愉悦的心情，有利于促进日常教学的进行。不仅如此，对于学生们来说，教室是他们在长达一个学年的时间里与小伙伴们朝夕相处的地方，充满着各种回忆。不少学生在升入高年级以后，还会常常回到自己以前的教室到处走走看看，感受曾经属于自己的天地，找找时光倒流的体验。在美国，很多家长把教室看作展示教师特点最好的地方，也是最能直观地感受教师教学组织能力的地方，因此很多家长在开学之前都会通过观察教室的布置和设计来评估教师的教学水平，判断教师的性格和教学特点。基于以上提到的几点原因，美国公立小学的班主任教师大都非常重视自己教学环境的安排与设计，在教室布置上花费大量的心血。很多教师会在新学年开学前一个星期就提前到校着手准备新学期的教室布置。在教室的布置上，教师们都是各显神通，力求在满足教学要求的同时又突出自己的特色。教室的布置在新学期内不是一成不变的，每当开始一个新的教学单元，教师们都会开始为教室设计一个新的主题。大多数时候教师们会把相关单元的教学重点放置在教室的各个角落，一方面是为了方便学生在完成学习任务时查看，另一方面也是为了随时到来的访客能了解本单元的教学内容和进程。

当然，教室内桌椅的摆放也是教室布置的重要组成部分。美国学校对于教室桌椅的摆放并没有统一要求，所以教师们可以根据自己的喜好和课堂管理理念来设计安排。通过教室的桌椅摆放也可以大致了解班主任的性格特点。有的教师喜欢小组合作，常常将 4 ~ 6 张桌子拼在一起，形成一个小组；有的教师喜欢大班教学，就把课桌摆放成 U 字形，在避免学生视线被遮挡的同时，也便于教师观察全部学生的学习反应，随时调整自己的教学进度；有的教师会根据不同的教学任务变换课桌椅的位置；另外，在笔者教室对面的中国裔华人教师，则把中国传统课桌椅摆放的方式引进了美国小学的教室，倒也成了一道独特的风景。

与教室的布局一样，教室的外墙设计也能够体现班主任的教学匠心。在美国公立小学，教室外墙是构成整个教室文化的重要组成部分。不过与教室内部布置所不一样的是，这里常常被视为一个学生学习成果的展示地。在美国校园，学习成果的展示并不限于少数优秀作品，每个学生的习作都会被呈现在教室外墙。这种展示不仅是要让家长们知道自己的孩子在学校里学会了些什么，更重要的是通过作品展示培养学生的自尊心和自信心。每当有人驻足于作品墙前，学生们就会非常自豪地向来者讲解自己习作的意义。此时快乐学习再次发挥了它神奇的功效。和教室布置一样，教室外墙的设计也不是亘古不变的。每次进入新的学习单元或者适逢某个传统节日，教师们就会开始新一轮的外墙主题设计。为了呈现出最好的外墙，教师们往往利用放学后和周末来完成装饰，以带给学生惊喜。

不难看出，教室对于美国公立学校的班主任来说具有重要的意义。对于班主任来说，教室如同自己的王国，任由自己翱翔，教室里储备了各种教学资料、教学用具以及学生档案。也正是因为这个原因，班主任教师，尤其是资深教师最怕的便是搬教室，这往往会耗费他们好几天的时间。所以每每到教室翻新整修或者因为教学调整需要调换教室的时候，学校里就热闹至极，你不时会看见嘟嘟囔囔非常不情愿却还是不得不把物品一件一件运往教室外的教师。

每年暑假快要结束时，班主任教师还需要为在新学年开学前的开放参观日(Open House)做足准备。开放参观日是美国公立学校小学新学年开学前的传统项目，也是新班级师生们在学校的第一次正式见面。这也是双方为彼此留下第一印象的最佳时机，因此不论是家长还是教师都非常重视开放日的会面。教师们通常会在开放日前就完成教室的布置，并且还会准备好一些小礼物送给学生。开放日的当天晚上会安排一场家长与班主任教师的见面会，期间教师会进行自我介绍，通过播放视频或者幻灯片演示，对教学计划、内容以及目标进行简要介绍，并且回答家长提出的问题。这一天对于一年级的教师来说尤为重要，因为这是消除孩子从幼儿园或者学前班升入小学的陌生感与恐惧感的极佳时刻。有经验的教师会在开放日前就记住学生的姓名和模样,以便在师生初始见面时就能叫出学生的名字,给学生和家长留下良好的印象。同时教师们都会与每一位前来的孩子亲切沟通,并且建议家长带着孩子熟悉新的学习环境。不过即使这样,很多孩子在新学期伊始还是会因为不适应而哭闹。

当然,作为包班教师,班主任教师还必须保持和本班学生家长的日常联系。家长们通常会在开学第一天将自己的联系方式留给班主任教师。作为在学校里和学生相处时间最长的班主任教师,自然就肩负起学生在校的监护责任。当学生在学校有任何异常状况发生时,教师都需要及时将学生当天的情况向学生家长反馈。美国公立小学对于学生的人身安全非常重视,尤其是当学生在校期间发生突发状况时,教师往往需要第一时间与家长取得联系,如果生病或者受伤时还需要校医的签字说明。

此外,为保证学生们都平稳地升入新一年级,年级与年级班主任教师间的交接就显得尤为重要。也正如上面提到的,由于美国公立小学的班主任教师肩负全科教学的重任,教师们普遍会选择长期坚守在同一个年级,因此,顺利完成与下一个年级教师的交班也是美国公立小学教师们的职责之一。笔者所在的希尔顿黑德岛小学的惯例是,上一个年级的班主任教师会根据自己班上每个学生的整体学业表现、行为习惯等填写一张与该学生对应的卡片,并且附上一些建议供新班级教师参考。对于有特殊需要的学生,班主任教师会进行专门备注。下一个年级的接任教师在拿到卡片后会进行仔细阅读,一旦对某个学生产生疑问就会和上任教师进行会谈。细心的班主任教师还会将学生的家庭情况一并备注,方便接任教师更好地了解学生的成长背景,在指导学生学习和与家长会谈时也能够更加有针对性。

由此可见,美国公立学校班主任教师身上的担子一点儿也不轻松。作为学校日常教学最重要的组成人员,很多班主任教师每天从踏进校门的第一步开始就进入了高度紧张状态,不敢有半点松懈。不过,正是因为班主任教师每天和学生们朝夕相处,才和学生们培养了深厚的感情。不少学生在升入新年级后还会偶尔回到自己曾经待过的教室,向自己曾经的班主任问好。这时,师生间一个热情的拥抱也会让旁观者觉得十分温馨。

二、专项教师(Specialist)

在美国学校教师队伍中,另一个重要的组成部分是专项教师(Specialist)。专项教师,顾名思义,就是从事某项专门教学工作的教师,这听起来和我国国内的科任老师似乎有着异曲同工之处。在美国公立学校,这些专项教师和班主任教师一起担任着保证学校日常教学有序进行的重任。不同于班主任教师的包班制和全科教学任务,这些专项教师都有着各自不同的专项职责。

根据各自所承担的具体教学责任,美国公立学校的专项教师大致可以分为科任教师、特殊教育教师、语言辅导教师以及心理行为指导教师等。下面就让我们一起来看看这些教师各自的教学日常吧。

1. 科任教师

在美国公立学校的专项教师队伍中,人数最多的就是科任教师。和中国学校一样,科任教师就是负责某一科目具体教学的教师。虽然如前面所提到的,美国公立小学的班主任教师作为全科教师,负责英语、数学、科学和社会学习等课程的教学，但是为了学生的全面发展，根据美国国家课程标准要求，美国公立小学通常还开设艺术、体育、健康安全教育和外语等核心课程。负责这些课程教学的教师，比如体育教师、音乐教师、艺术教师、外语教师等，构成了科任教师的队伍。

由于没有固定负责的班级，科任教师不用每时每刻与学生待在一起。这让科任教师相对于班主任教师来说要轻松不少。不过由于办学经费的限制，很多美国公立小学一门学科只聘用了一位或至多两位科任教师。这也就是说，每位科任教师几乎承担着全校所有年级相应学科的全部教学任务。通常说来，美国公立小学一个年级少则三四个班，多则六七个班，因此科任教师的教学任务也并不轻松。

科任教师要应对的不仅仅是不同年级的教学内容，还有稍不留神就会让人晕头转向的课程时刻表。笔者在稍早时已经提到，学生接受科任学科学习的时间被称为“轮转时间”。之所以叫“轮转时间”，是因为虽然每个年级的科任学科学习时间区间是固定的，但是每个班每周每天的科任课程安排却不是固定的。这些课程的安排会按照一定的顺序依次轮转，所以几乎每周的课程都会有所不同。

以希尔顿黑德岛小学为例，每年开学前，每个年级的教师都会聚在一起把自己年级轮转科任教师的时间段固定下来，并在此基础上确定每个班第一周接受科任学科学习的顺序，之后便按照课表在不同的星期按递推的方式进行轮换。例如某年级的第一周课程如表 1.1 所示，则第二三周直至学期末便会按照一定的顺序轮转。

表 1.1　各年级轮转时间确定表

	科任轮转时间段
一年级	上午　9:00
二年级	上午 10:00
三年级	上午 10:50
四年级	中午　1:00
五年级	下午　2:00

表 1.2　某年级科任时间表

第一周

10:50	周一	周二	周三	周四	周五
A 班	体育	电脑	音乐	艺术	戏剧
B 班	电脑	音乐	艺术	戏剧	体育
C 班	音乐	艺术	戏剧	体育	电脑
D 班	艺术	戏剧	体育	电脑	音乐
E 班	戏剧	体育	电脑	音乐	艺术

第二周

10:50	周一	周二	周三	周四	周五
A 班	电脑	音乐	艺术	戏剧	体育
B 班	音乐	艺术	戏剧	体育	电脑
C 班	艺术	戏剧	体育	电脑	音乐
D 班	戏剧	体育	电脑	音乐	艺术
E 班	体育	电脑	音乐	艺术	戏剧

这样的安排常常让班主任教师也晕头转向，更不用说需要照顾好几个年级课程安排的科任教师了。对于科任教师来说，这样的轮转制度意味着教师每周都得重新换一张课程表。为了不被复杂的日程搞昏头脑，科任教师大多会在自己的办公桌或者教室的外墙上贴上自己

本周的教学日程以提醒自己不要弄错上课班级、时间和教学内容。

对科任教师来说,另一个头痛的问题要算教室的使用了。和班主任教师不同的是,在美国的公立学校里并不是所有的科任教师都有属于自己的教室。如果没有自己固定的教室,到了上课的时间,科任教师就需要带着自己的教学用具到上课学生的班级教室进行授课。这并不是一件容易的事情。

由于美国教育界提倡在小学教育中利用直观和形象的方法进行教学,美国学校的教师也很喜欢利用各种实物教具在教学中为学生进行演示和说明,以便让学生利用教具自己体会和探索学习,因此往往每堂课的教学用具都极其丰富。对于没有教室的科任教师来说,就必须在上课前清点好所需的各种教具,然后在上课时放在专用的篮子或者小推车里到指定的班级进行授课。

在电教化时代,没有自己教室的科任教师还面临着另一个问题,那就是教室电脑的使用。由于学区配置给每位教师的电脑都有个人账号授权,教师的电脑就意味着自己的隐私。如果遇上不愿意共享本人电脑的班主任教师,科任教师就不得不带着自己的电脑提前到教室完成多媒体教学设备的连接。

即使如此,与班主任教师相比,科任教师的教学任务和日程安排还是相对自由一些,并且也拥有更长的午餐和休息时间。不过很多科任教师会利用自己的休息时间主动承担学校其他的一些日常工作,以弥补学校经费不足造成的人手短缺问题,比如维持早间和放学时学生进出的秩序。

当然,筹划和准备学校庆典活动也是科任教师的拿手好戏。学校或者年级的各种大型活动,诸如艺术之夜、才艺秀、戏剧节、音乐节等,从策划演出内容到组织学生排练,再到学生们的演出道具制作,基本上全由科任教师一手完成。

到了传统节日或者当地的重要庆典,科任教师们还会带领学校社团参加演出。这些演出和活动的背后,都饱含着科任教师满满的心血。当学生们站在舞台上自豪而尽情地表现自我的时候,当这些表演换来观众们热情的掌声和欢呼的时候,科任教师们脸上就会露出欣慰的笑容。不仅如此,美国公立小学教师的创造力在很多科任教师身上也表现得淋漓尽致,他们时常会发动学生一起对学校进行装饰,例如利用各种废弃材料做成拼图、标语等。

除了上面提到的这些常见课程的科任教师,美国公立学校还专门设有负责学生安全教育的心理行为指导教师。虽然安全教育课也是美国国家课程的标准要求之一,但是往往不会和其他科任教师的课程同时进行。同样以希尔顿黑德岛小学为例,学校的心理行为指导教师大概每隔 3 个星期会给指定班级进行安全知识的相关授课。由于日程不固定,指导教师通常会在授课前和班主任教师确认时间安排。安全教育课程的内容,无论是防范暴力还是网络使用安全,都非常贴近学生的日常生活,具有很强的实用性。在负责安全教育课程的同时,指导教师还有一个非常重要的责任,那就是对学生进行心理和行为辅导,并且矫正学生的不当言语和行为。有严重违纪、欺凌同学、言语不当等行为的学生都是他们重点观测的对象。有时行为指导教师还会和家长、班主任教师以及校方相关负责人一起,为某些具有严重行为障碍的学生制订有针对性的行为矫正计划,并定期与学生一起对最近的行为进行反思和总结。

相比而言,中国的学校在心理健康教育方面虽也有了一些发展并取得了不错的成果,但对比美国来说似乎还有一定差距。近年来,我国青少年学生的各种偏离性心理和行为问题以及由此引发的热点事件,引起了社会各方对青少年教育问题越来越多的关注。这些事件大致分为两类:一类是由于各种原因产生的在校学生自杀倾向以及自杀行为发生率攀升,甚至出现低龄化的发展趋势;另一类则是各种校园暴力极端事件,这些暴力行为从中小学到高校,涉及范围很广。很多源自小摩擦小挫折却最终造成不可挽回的极端后果的各种事件映射出的一个客观事实是,涉案者法制观念淡薄、对生命冷漠等,这些无一不让人们感到震惊。除此之外,长期以来一直被诟病的我国青少年学生人际交往能力偏低、解决实际问题的能力不足以及社会适应力不强等问题,也没有得到明显改观。美国从小学开始的这种防患于未然的心理教育以及专项心理指导教师的配备,或许为我们提供了一个不错的借鉴。

2. 特殊教育教师

特殊教育教师是美国公立学校专项教师的重要成员。在美国的公立学校,你时常会看见一些带领着两三个看起来和普通孩子稍显不同的学生进行单独辅导的教师。这些教师就是特殊教育教师。特殊教育教师所辅导的这些孩子大多存在一些智力或者体力的缺陷,例如小儿唐氏综合征、感官障碍、阅读障碍、儿童孤独症等。特殊教育教师为这些学生进行的专门辅导就是特殊教育。

特殊教育在美国公立学校的教育中有着特别的地位。为保证残障儿童的公平教育权,1975 年美国政府颁布了《障碍者教育法》(*Individuals with Disabilities Education Act*,简称“IDEA”)。《障碍者教育法》规定学校不得拒绝障碍儿童进入常规学校接受教育(零拒绝),学校需要对障碍儿童进行无歧视性的评估,并且保证障碍儿童在接受免费教育的同时享有最少的限制。从本质上讲,美国公立学校的特殊教育就是保证教育公平性,让有缺陷的孩子从隔离教育回归到主流教育,通过接受教育发展自我潜能，并最终提高独自生活的质量。继《障碍者教育法》之后，联邦政府又陆续颁布了一系列旨在确保每一个孩子都享有公正、平等并获得高质量教育机会的政策、法令和标准，为障碍儿童享有平等教育的权利提供法律保障。

为进一步支持特殊教育的发展，每年联邦政府、州政府以及各级地方政府都会给予学区一定的特殊教育经费。有了法律、财政的支持和保障，在近半个世纪的时间里，美国的特殊教育取得了长足的发展，越来越多的美国公立小学向障碍儿童敞开了大门。目前在美国，几乎每所公立学校每年都会接收一定数量的障碍儿童，让他们与其他学生一起学习。本着“最少限制”的原则，障碍儿童在进入普通公立学校以后，学校一般都会采用混合编制将这些孩子随机安排在各个班级，以便使这些障碍儿童能够和其他普通孩子一起享受学校生活。因此，除了每周的固定时间由特殊教育教师对自己所负责的学生进行专门辅导以外，其他时间障碍学生都会和普通学生一起留在班级接受主流学习教育。

由于教育对象的特殊性，从事特殊教育的教师在取得教师资格证的同时，必须持有特殊教育教师资格证书。除了具备普通教师需要掌握的知识技能以外，特殊教育教师还必须熟悉有关幼儿早期特殊教育、听障特殊教育、情绪和行为障碍特殊教育、学习障碍特殊教育、智力落后和发展障碍特殊教育、视觉障碍特殊教育以及肢体障碍特殊教育等专门性的知识和技能。因此，所有从事特殊教育的教师都接受过专业的特殊教育培训。与其他普通教师相比，美国各州对于特殊教育教师的学历提出了更高的要求。申请特殊教育资格证的教师至少需要持有大学本科学历证书，个别州甚至需要特殊教育资格申请者具备硕士及以上学历证书。

根据相关规定,美国特殊教育主要针对患有儿童孤独症、学习障碍、情绪或行为异常、多动症(ADHD)、智力发展迟缓、严重和多种残疾、其他健康障碍(OHI)、体力残疾、脑损伤、言语障碍、听力障碍以及视力障碍的学生。对于特殊教育教师们来说,每一个孩子都是一个全新的个体,每一份教学计划都需要量体裁衣。为了最大限度地激发这些学生的自我潜力,负责特殊教育的教师会为每一位接受特殊教育的学生制订一份针对该生自身性格特点的教育方案。教育方案在完成后,还需要得到家长和学生本人的认可。得到家长的授权以后,从事特殊教育的教师还会为每一位学生建立专门的学习档案,一方面用于记录学生的成长,另一方面也便于教师根据学生的发展情况随时调整教育方案。

由于教学对象和教学性质的特殊性,特殊教育的教师还常常会面对一些异于普通学生课堂行为管理的突发事件。例如,由于身体或者心理障碍带来的各种不便,会让接受特殊教育的孩子情绪不稳定且行为失去控制。每当发生这样的状况,特殊教育的教师都会进入一级备战状态,因为失控的孩子随时可能做出具有伤害性的攻击行为。为了避免伤害到其他学生,同时保证失控患者自身的安全,教师们需要在第一时间稳住失控者并让其尽快冷静下来。然而让失控者从狂暴状态恢复平静的这一过程却不是那么容易,往往需要花费特殊教育教师九牛二虎之力,有时甚至需要两三名教师同时出手才能将学生稳定下来。很多时候待到孩子完全冷静下来,教师们也已经精疲力尽了。对于特殊教育教师来说,取得学生的信任尤为重要。因此这些教师往往需要花费很多时间和精力去了解这些孩子的性格和喜好,这也让接受特殊教育的孩子对这些特殊教育教师特别依赖。

平日,学校里的其他教师也会尽力配合特殊教育教师的教学计划并提供力所能及的帮助。每当这些接受特殊教育的学生完成特别学习时间，回到原来的班级和普通孩子一起学习时，教师们都会特别注意帮助他们融入集体之中。除了随时给予这些接受特殊教育的学生适时的鼓励之外，教师们还会教导其他学生为这些障碍学生提供力所能及的帮助，并且要求学生们在日常教学生活中不要围观或者议论接受特殊教育的孩子，避免给障碍学生带来刺激而造成更大的心理伤害。

3. ESOL（English for Speakers of Other Languages）教师

ESOL 教师其实就是英语教师，只不过这些英语教师的教学对象往往是由于各种原因，造成英语语言能力未能达到年级标准的孩子（其中主要是针对母语为非英语的学生）。这些英语教师在美国有个特别的称呼，叫做 TESOL 教师（Teachers of English to Speakers of Other Language）。TESOL 教师所负责的 ESOL 课程就是美国中小学学校为母语不是英语并且英语语言能力落后于标准要求的学生所开设的语言教育课程，有时也称为 ESL（English as a Second Language）课程。从事 ESOL 课程教学的教师就是 TESOL 教师。和特殊教育教师一样，TESOL 教师也需要接受专业培训学习并取得相关资格证书才能正式上岗执教。

作为移民国家，美国凭借着强大的经济实力和良好的教育质量，每年会吸引很多新移民的到来。其中一些家庭的成员在来到美国前，往往不具备英语语言背景并且从未受过系统的语言培训。由于父母不能熟练地使用英语，这些家庭的孩子在家里与家人相处时也只使用母语。语言基础和使用环境的缺乏，导致这些移民家庭孩子英语语言能力的发展受到了一定的限制。进入小学以后，他们的语言能力往往达不到规定的要求。

为了确保每一位孩子英语语言能力达标,美国"其他语言者英语教师协会"在"应用语言中心"(Center for Applied Linguistics,CAL)的帮助下,于1997年制定了TESOL教育的年级标准(ESL Standards for Pre－K－12 Students)。该标准规定了从社会语言、学术语言以及语言文化三个方面评判移民学生的语言能力,并按照不同的年级设定了不同的标准。根据相关要求,美国的中小学每学期都会展开针对移民家庭子女的语言考试,考试未达标的学生就需要接受语言课程,也就是ESOL课程的培训。

美国的ESOL课程非常注重语言的实用性。从事ESOL教育的教师会从听、说、读、写四个方面对学生的英语语言能力进行辅导,帮助移民学生了解美国文化从而让他们更好地融入美国生活。由于美国需要接受ESOL教育的学生很多,ESOL教育的发展也相当成熟,各种ESOL相关的教学理论和教学模式也是层出不穷,相关专业也成为很多大学教育专业学生的热门选择。

说到底,TESOL教师的根本任务就是要帮助学生的英语语言能力达标。和特殊教育教师一样,教学中,TESOL教师也需要根据学生的具体语言情况制订有针对性的教学计划,并且制作记载学生语言能力发展情况的档案。在了解每一位接受ESOL课程的学生的语言水平并指定课程辅导计划之后,教师们会在该名学生ESOL课程的学习时间到该生所在的班级,将学生带到ESOL教室进行单独的语言辅导。当天课程学习完毕以后再分别将他们送回各自的教室。

由于ESOL课程大多会占据学生正常课程的学习时间,因此也招来了不少争议。一方面,一些班主任教师会担心接受ESOL教育的学生会因此落下正常课程而影响最终学业;另一方面,由于ESL课程需要学生在正常行课期间离开自己的班级单独接受辅导,也给新移民家庭的孩子带来了心理阴影。一些敏感的学生常常会因为在正常行课期间被单独叫出教室而自尊心受到伤害,甚至会对 ESOL 课程的学习产生抗拒情绪。不过好在接受过专业学习的 ESOL 教师会非常注意观察这些孩子在学习中的心理状态,多采用鼓励的教学方式安抚学生的情绪。

通常在完成一段时间的语言课程辅导以后,TESOL 教师会定期对学生的语言能力进行分阶段评估,并且和班主任教师就学生情况交换意见。学习者各项语言指标达标后就可以结束 ESOL 课程的学习。不过即使结束了 ESOL 课程的学习,来自移民家庭的学生还是需要每学期定期接受相关语言考试,以证明自己的英语语言能力达到同年级学习语言的合格标准,否则就需要按规定继续接受 ESOL 教师的语言教学辅导。

4. Coach

在美国学校专项教师的队伍里还有一类特别的教师。说特别是因为这些教师虽然偶尔也会给学生上课,但更主要的任务是为学校和教师提供相关教学帮助,在学校中的习惯称谓是"Coach",地位相当于学校里的教学监督员或者带头教师。不过并不是每一所公立学校都设有 Coach,有时也会好几个学校共同聘用一位 Coach。

就日常工作而言,Coach 主要负责对数学和文学课程进行教学指导。要成为学校的 Coach,首先必须要确保自身具有过硬的专业知识与素养,因此很多学校在招聘 Coach 时会对候选人提出比一般教师更高的要求。例如博福特学区某小学对于应聘该学校文学 Coach 职位的候选人,就提出了除了具备南卡罗莱纳州教师资格证以外,还需要拥有中小学教育专业硕士或者 ELA 相关专业硕士及以上学位,并且能在实践中证明自己在学校文学教育相关领域具备较高的素质。

与一般教师将课堂教学作为重点相比,Coach 会花费更多的时间和精力研究本领域相关的教学发展情况,并根据最新的研究成果以及教学政策为学校的教学做出总体规划并帮助教师们提高自身素养。换句话说,作为学校的 Coach,其既要向学校负责,也需要对教师负责。具体而言,Coach 需要为学校相关教学的发展和执行提供可行计划,引进适合本学校教学特点的教学项目,并为教师有效教学提供必要的信息和技术支持。

为了帮助教师实现有效教学,Coach 通常会负责解答教师在教学中的一些疑问,对教师的教学情况做出及时反馈,提供教学实例示范等。作为教学监督的 Coach 还会不定期到每位教师的班级进行听课,以便对教师的教学情况作出评估。在听课完成后,Coach 会与该教师进行一对一的会谈。不管是刚刚入职的新教师还是经验丰富的老教师,但凡被 Coach 听课或者约谈,心里都会感到多少有些忐忑。在会谈时,Coach 不仅会和教师一起对教学的执行情况进行反思,还会对教师进行相关教学内容的提问,如果没有做好十足的准备很可能会被 Coach 提出的问题难倒。会谈结束之后,Coach 还会结合教师的讲课给出评分,这些评分会被提交到校方并保留存档。虽然这一评分结果与教师本人教师资格证的获得并没有直接联系,但大部分教师也不愿意因为得分过低而被校方召见,因此大都会谨慎对待与 Coach 的会谈。有时走廊的偶遇也会成为 Coach 对教师们进行考察的契机,几句漫不经心的聊天就能让经验丰富的 Coach 大致了解教师们最近的教学情况。教师们在面对这样的聊天时,虽然表面看上去是谈笑风生,但心里却不敢有丝毫松懈。

除了对教师的常规评估,Coach 还会应学校要求重点考察一些受到家长质疑的教师的教学情况。这种听课持续时间更长一点,很可能连续好几天。如果在持续几天的听课过程中，Coach发现该教师的教学确实存在一定的问题，就会和该教师进行沟通。在提出建议以后的一段时间里，Coach会继续保持对该教师课堂教学的观察。

在执行教学相关工作的同时，Coach还需要对全校教师进行定期的培训。这些培训就展开的对象来说，既有全校范围内的，也有针对某一年级的。培训时，Coach不仅会向教师们传达最新的教学政策、标准以及研究成果，更多的时候会和教师们一起分析标准化考试的数据、进行单元教学情况反思、制订教学计划、设计单元教学形成性评估等。另外，Coach还会随时将自己在听课过程中发现的具有新意的教室布置和教学方法推荐给全校教师，鼓励大家相互参考、相互学习。

三、美国公立学校代课教师（Substitute Teacher）

代课教师，顾名思义就是代替教师上课的临时教师。由于美国公立学校课程设置、教学日程以及文化习惯的原因，如果有教师需要请假，很难请到同年级甚至同校的教师帮忙充当临时的代课教师。一旦班主任教师和专项教师因为各种原因不能按照教学计划到校上班时，就需要代课教师“闪亮登场”了。一般来讲，正规的代课教师大都在学区进行了注册，需要请假的教师们只要登录学区网站就能找到符合自己要求的代课教师。

由于代课教师并不是学区正式聘用的职员，因此相对于成为正式教师的各种要求，美国各州对于代课教师资格的发放标准就宽松了很多。想要成为代课教师的申请人可以在提出申请之前查阅该州的具体规定。目前在大多数州，只要申请人具有本科学历就符合成为代课教师的基本条件，有的州甚至只要求申请人具备高中以上毕业文凭即可,例如佐治亚州。当然也不是所有的州都是这样,一些要求严格的州还会要求申请者在提交简历的同时附上 2 ~ 3 封推荐信,证明自己接受过代课教师相关培训课程,并拥有一定的教学实践经历。

由于不是学区的正式职员,代课教师没有固定的工资,也不能享受和正式教师一样的福利待遇。这些教师所领取的报酬是学区按其实际代课的工作课时进行发放的。与正式教师一样,每个州也有着各自关于代课教师的薪资标准。以南卡罗莱纳州的 Rock Hill 学区为例,没有正式教师资格证但拥有高中及本科学历的代课教师报酬为 55 美元/天,持有非南卡罗莱纳州的有效教师资格证的代课教师报酬为 65 美元/天,持有南卡罗莱纳州有效教师资格证的代课教师报酬为 70 美元/天,而持有南卡罗莱纳州有效教师资格证书的退休教师则可获得 100 美元/天的报酬。实际上代课教师的收入是很不稳定的,一位代课教师的工资基本取决于该月是否有教师请假、有多少教师请假以及代课教师自身的口碑。有时代课教师可能整月都颗粒无收,因此很少有人把代课教师作为自己唯一的职业。

即便如此,由于成为代课教师的成本较低,还是有不少人愿意尝试代课教师的工作。正如孙来勤在《美国代课教师现象概况及启示》一文中提到的,这些代课教师按照代课工作时间的长短可以分为长期代课教师和按天付酬的短期代课教师;按照服务学校数量的多少可以分为"固定学校"代课教师和"多校走教"代课教师;按照代课教师的身份还可以分为专职代课教师和兼职代课教师。有时负责长期代课的教师如果获得了校长的推荐,还可能晋升为正式的学区教师,当然前提是通过了有关资格认证的考试。

就代课教师队伍的组成人员而言,除了退休教师,还有不少是就读教育专业的学生。这些学生在学区进行代课教师的申请登记,是希望在成为正式教师之前，通过代课教师的经历，熟悉学校教育环境并且积累实践经验。此外，也有不少人希望通过做临时代课教师的工作来补贴家用，有的或者只是想体验一下教师的生活。

和正式教师一样，每一位代课教师首先要面临的问题是课堂管理。要知道，在美国即使是正式教师有时也难以应付美国小孩在课堂上的“活跃”，常常被“课堂管理”磨得够呛，更不要说在学生们心目中几乎毫无威信的代课教师了。有时代课教师不仅会被弄得焦头烂额，还可能被这些毛头小孩的恶作剧作弄一番。

当然代课教师的工作还不仅仅是看住学生，他们还需要完成教师留下的教学任务。相比于初高中代课教师，美国小学代课教师的任务艰巨许多。他们在兼顾课堂管理的同时，还需要面对各种复杂的课程时刻安排表。虽说请假的教师大都会给代课教师留下详细的日程安排说明，但是在教学中就已经忙得晕头转向的代课教师，有时根本来不及顾及那些白纸黑字的东西，甚至不得不询问自己班上的学生或者邻班的同年级教师以确认教学日程。

为了不让自己手忙脚乱，有经验的代课教师往往会提前到达教室，将请假教师留给自己的各种日程安排从头到尾仔细读一读，让自己在学生到来之前对这一天的教学做到胸有成竹。对于一些没有教学经验或者教学经验不足的代课教师来说，要完成整整一天的教学工作确实是非常不容易的。也正因为如此，同年级的其他教师如果看到情绪沮丧的代课教师，尤其是第一次做小学代课教师的人，大都会主动问候几句以表安慰，并且会开玩笑说欢迎来到美国小学的体验之旅，欢迎乘坐天堂和地狱的极限过山车。虽是玩笑话，但从这简短的调侃中也不难感受到美国公立小学的教师们每天工作中的各种情绪体验。

第四节 美国公立学校教师的日常行为规范

那么美国公立学校的教师们在学校究竟又是什么样子的呢？他们的穿着打扮、言谈举止以及日常教学是否有着独特之处？在教学工作之外他们还承担着怎样的责任和义务呢？现在就让我们一起来看看美国公立学校教师的日常吧。

一、日常装扮

整洁的职业装束对于教师们来说是非常重要的。即使每天都在和学生们的斗智斗勇中度过，也无论早晨时间多么匆忙，美国公立学校的教师们也依然不会忘记给自己一个美丽干净的妆容。

眼影和口红绝对是美国公立学校女教师们每日必不可少的基础装备。在美国公立学校的教师们看来，美丽的妆容不仅代表着对自己、对他人以及对职业的尊重，而且还能给自己和他人一个美好的心情。这些或明艳活泼，或清新淡雅的彩妆配上精心设计的发型以及剪裁别致的服装，无不为学校增添了一道靓丽的风景。有的女教师甚至不畏一天繁重的教学任务穿着细高跟鞋轻盈地穿梭在校园，其爱美之心也让人由衷佩服。当然这些装扮精致的教师们也毫不掩饰对他人装扮的赞许。每当碰见自己欣赏的服饰搭配，他们往往会不吝言辞，有时甚至还会专程去该教师的教室对其打扮大加赞扬，让对方也能带着愉悦的心情开始一天的日程。

当然也不是所有教师都会为美奋不顾身。虽然爱美之心人皆有之，但长达 7 小时的连续工作，还是会让大多数教师倾向于轻松便利的服装。而且没人知道在与学生相处的7个小时里,究竟会发生什么让人哭笑不得的事情,比如午餐时学生的食物污渍、课堂教学时学生手中各种属性的颜料,乃至生病学生的呕吐物都可能在不知不觉中弄脏教师的衣服。

不过让教师们取舍服装最重要的原因,还是学区的规定。为了保证教师工作的职业性、严肃性以及良好的示范性,美国的很多学区几乎是从头到脚对教师着装做出了细致的要求。

一般来说,学区对于教师们服装的具体要求都可以在学区网站上找到。例如,在南卡罗莱纳州博福特学区的官方网站上,就能查阅到学区对其辖区内教师服装的有关规定。这些规定不仅对男女教师的服装分别提出了要求,并且还列举了不合规范的着装,包括热裤、没有领子的T恤、有不良标语的服装以及露出争议性文身等。从博福特学区的规定中不难看出,即使在崇尚自由和个性的美国,教师服装的得体性仍然是首要标准。或许由于博福特学区位于美国海滨地区,该学区对于教师的服装要求并不像美国东部某些地区那么严格。笔者到学校的第一年就曾听校长说,因为笔者所在的学校坐落于一个小岛上,因此特许教师们可以穿着稍带海滩休闲风格的服饰,因此沙滩凉鞋和长裙也常常在校园出现。也有另一位来自波士顿的副教长对此曾经在私下表示,这里(博福特学区)对于教师服装的要求太过随便,沙滩凉鞋对于波士顿的教师来说是不可想象的。

有趣的是,虽然每个学区对教师服装的规定不尽相同,但都对牛仔裤说了"不",这就是美国中小学著名的"牛仔裤禁令"。由于"牛仔裤禁令"的存在,除了某些"特殊日子",教师们是不能穿着牛仔裤上课的。所谓特殊日子,也就是被美国学校称作"Blue Jeans Day"的日子,大多数学校都会把这一天设置在某个星期五。每逢到了"Blue

1. Statement of Policy
Beaufort County School District expects appropriate dress of all faculty, staff and administrators. Dressing for success allows faculty, staff, and administrators to gain the respect needed to set a positive example for students by fostering a respectful school climate.

2. Statement of Purpose
It is the belief of the Beaufort County School District that effective faculty, staff and administrators will dress appropriately to model success. Dressing for success and following the established dress code have the following effects for faculty, staff and administrators:
(a) help you obtain the respect and credibility necessary from students and parents;
(b) serve as a positive role model for students;
(c) establish yourself as an authority figure by following the dress code policy;
(d) instill a sense of integrity with each student.

3. Requirements
A. Men
(1) Dress shirts, sport shirts with collars, polo shirts and sweaters may be worn.
(2) Dress or casual slacks may be worn. Shorts may be worn by males working in the athletic department.
(3) Shoes worn may be casual, business, boat shoes, sport shoes, or dress sandals.
(4) Shirts will be tucked in as appropriate.

B. Women
(1) Slacks, skirts of modest length, dresses , jumpers, Capri or cropped pants may be worn. Shorts may be worn by females working in the athletic department.
(2) Sweaters, polo shirts, shirts or tops with or without collars are acceptable.
(3) Shoes worn maybe casual, business, dress sandal, open toe, heels or flats.

C. Inappropriate dress or personal grooming includes, but is not limited to:
(a) denim jeans of all colors (except for specified spirit days as determined by administration);
(b) leggings, tights (except under skirts, dresses, jumpers;
(c) warm up pants or suits or overalls;
(d) sweat shirts/tee-shirts (except for specified spirit days as designated by building administration);
(e) clothing or accessories with slogans that are suggestive of drugs, alcohol, sex, or obscenities;
(f) provocative clothing (thin straps, tube tops, low necklines, strapless, too tight, too short, midriff revealing, etc.);
(g) display of controversial tattoos and body piercings that are disruptive to the teaching/learning process.

4. Faculty, Staff and administrators are encourage to participate and model the Student Dress Code for their school.

5. Exceptions may be made by administration based on individual medical needs.
Adopted by Beaufort County Board of Education on March 3, 2009.

图 1.1　Beaufort County School District 对于教师服装的规定

（摘自 http://www.beaufort.k12.sc.us/pages/BCSD/Employees/Employee_Dress_Code）

Jeans Day”，教师们一般会带着一种节庆般的喜悦穿上自己平日里最喜爱的牛仔裤。不过即使在这个被特许的日子，牛仔裤也不是“白”穿的。通常在节日当天，学校会设立一个募捐箱，穿着牛仔裤的教师需要进行捐款才能使自己的穿着“合法”。捐款的数目通常在 2～5 美元。这些来自教师们的捐款会被用作学校的活动经费或者慈善募捐，因此让很多教师们都乐此不疲，而“Blue Jeans Day”也成为美国公立学校一种特别的校园文化。

二、谨言慎行

除了日常着装,美国学区对教师的言行也有着非常严格的要求。为了保证未成年人的精神和身体不受伤害,美国通过了一系列细致又严格的法律来保护未成年人。任何带有胁迫、暴力性质的语言、行为以及手势,对于美国公立学校的教师来说都是不被允许的。有时教师们一个不经意的动作或者一句随意的话语,就可能会把自己送上法庭甚至丢掉工作。因此,教师们不得不对自己的一言一行十分小心和谨慎,这也成为美国公立学校教师很少对学生进行严格课堂管理的原因之一。然而即使教师们在教学中十分注意自己的言行举止,每学期都还是会发生教师因为言行不当受到控告而被学区停职的事件。被停职的不仅仅是一些欠缺经验的新进教师,其中还有一些是教龄长达十几年甚至几十年的老教师。这在一定程度上是因为美国在对此类案件进行判决时,出于保护未成年人权益的考虑,通常更偏重于听信未成年人的举证。也正因为这样,不少教师甚至因为蒙受不白之冤而失去了教师的工作。留美任教的第二年,我所在的学区就发生了一件让很多人愤愤不平的高中教师被告停职事件。被停职的教师是一位有将近三十年教龄并且风评也非常不错的教师。被控告的原因是有学生控诉这位教师上历史课时使用了带有歧视性的不当言语。事发后很多在学区工作了多年的人都不相信这位教师会犯这样的错误,但是学区在对该指控进行调查时,只能以当事人以及目击证人(同班同学)的陈述作依据,因此这位教师最终被判定教学言语过当,并且被停止了教师资格。然而这并非特例,很多学区都曾发生过因学生对教师的不满而提出对教师不实控告的案例。这些案例的最终判决都往往只能“错在教师”，其中不少“明显偏袒学生”的具有争议的判决还引起了社会舆论的关注和讨论。这种本意出于保护未成年的法规却让教师们失去了自我辩护的机会，也因此受到了不少教师的指责。

除了带有歧视性的言语，与学生的肢体接触是美国教师的另一大忌讳。虽然人们在美国校园里常常能看见与学生热情相拥的教师，但在实际教学中，美国的中小学教师尤其是男教师们是非常注意保持自己与学生的身体距离的。不少教师在与学生进行交谈时，都有把手背在身后的习惯，以免招来不必要的误会和麻烦。不仅如此，教师们在与学生进行单独谈话的时候，都会打开教室的门或者请来另一名教师作为在场目击者。这也是为了在被学生或学生家长起诉时，可以找到为自己辩护的目击证人。

不过这并不意味着美国公立学校的教师们不会处罚犯错的学生。作为学生在校的监护人，法律同样赋予了学校以及教师对学生进行教育管理的权力。为了保持和维护学校的教育秩序和教学环境，校方和教师们一般都会在第一时间纠正学生的违纪行为，对于情节严重的还会采取一定的处罚措施。在长期的教学实践中，美国公立学校的教师们已经积累了各式各样处罚严重违纪学生的招数，例如取消奖励、隔离课桌、交由别班教师代管、户外活动时进行罚走圈或者靠墙站、送到行为指导教师或者校长办公室进行单独谈话等。学生违纪行为的判定包括到校着装、作业完成、课堂行为、课外行为以及在校言语等。按照违纪行为的轻重，教师们会采取不同的处罚措施。一旦学生发生了严重违纪，教师则需按要求填写学生违纪说明单，并且当天告知家长学生的违纪行为；如果违纪行为持续发生，校方就会考虑请家长来到学校和教师们一起分析孩子的行为和心理状况，以便做出下一步处理的决定。不过为了避免受到司法起诉，美国教师对严重违纪的学生进行处罚时,会尽量选择在有其他目击证人尤其是成年目击证人的情况下进行。

三、定时查看邮件

定时查看电子邮件几乎是美国所有职场人士的固定习惯。在互联网时代,电子邮件凭借其及时、高效等特性深受人们的青睐,在美国更是如此。相比于国内很多人士更加青睐的社交网络平台,大多数美国人还是习惯于使用电子邮件进行工作和日常沟通。在美国几乎所有有关工作的信息都依赖于电子邮件的往来,因此如果查看邮件不及时,就很可能因为错过某些重要的通知而影响一天的工作,很多人都调侃自己患上了电子邮件强迫症,几乎稍有空隙就会查看自己的邮箱。

美国公立学校的教师们也未能幸免于这样的电子邮件依赖症。为了保证正常的教学秩序,美国很多公立学校都屏蔽了手机信号。电子邮件也因此在教师与校方和学区的沟通中显得更加重要。在日常教学中,学区或者学校的各种会议通知、决议、活动安排、相关文件以及工资单等都会通过邮件发送给教师,教师对任何学区或者学校相关的疑问或者不满也大都会通过邮件与相关人员沟通。为了不错过重要信息并且及时回复对方邮件,定时查看邮箱就成了美国教师下意识的习惯。而日程相对排得满满当当的班主任教师们则学会了见缝插针查看邮件的本领,无论是在课间轮换还是学生分组活动的间隙都能快速阅览自己邮箱里的各种邮件。由于每日都需要收发大量的邮件,当偶然出现没有新邮件提醒的情况时,有的教师甚至会怀疑自己的电脑或者网络出了问题。

工作时,教师们都会统一使用学区配置给自己的办公邮箱。一般在新教师报到之初,每位新教师都会收到学区为自己创立的学区专用电子邮件账户,之后会有专门的负责人员根据教师的就职学校以及教学分工,为教师的账号分配具体的分组以及权限。不要小看这个账号,除了电子邮件收发功能,它还兼有登录学区网站和使用学区网络教学资源的功能,更重要的是,很多与个人福利相关的查询方式也和教师们的学区电子邮件账号直接相关联。鉴于电子邮件在学校办公的重要地位,学区也会时常提醒教师们注意网络安全,定期修改密码以防止不必要的损失。

除了与学区和校方沟通,教师们在与学生家长联系时也会使用学区邮件。使用学区邮件一是保证联系的规范性,二来也是学区的要求。近年随着社交网络的日益发达,很多教师和学生都有了属于自己的社交网络账号,不少教师和学生也在私人社交网络上相互关注。这种有助于加深师生联系的新兴交流方式,却因为有时使用不当而引发了一些具有负面影响的社会事件,并最终导致一些教师被停职。在这样的情况下,很多学区开始要求教师在与学生或者学生家长进行日常沟通时使用学区邮箱。

美国公立学校的教师们给家长发送邮件,一方面是为了让家长们对教学情况有更好的了解。例如为了让家长们对学校教育放心,美国公立学校小学的教师会定期向家长发送一份有关教学计划和教学活动的班级电子周刊。这份电子周刊完全是由班主任教师自己编写,主要是近期的教学目标、家长需要配合完成的课后练习等。与家长进行电子邮件联系另一方面则是为了与家长沟通孩子的在校表现,例如学生的在校行为、学习情况以及情绪状态等。有时家长们也会主动使用电子邮件与教师进行交流。这些来自家长的邮件大多是孩子回到家以后的表现，或者询问在班级活动时是否能提供帮助等。这其中也有来者不善的，比如抱怨孩子到了学校以后不开心或者没有学到实用的知识。更有甚者会把孩子的一些不良情绪和行为全都归结到校方和教师的身上，认为学校没有尽到教育好学生的责任。美国学校的教师在处理这类邮件时都非常谨慎，以免被部分家长抓住自己字里行间的失误进而胡搅蛮缠影响正常的教学工作。通常教师们在接到这类型的邮件时并不会急于回复或为自己辩解，而是会进行备份并会告知校方或者年级负责教师，在得到校方或者年级负责教师的授意以后才着手回复邮件。如果遇到事态严重的，教师们在回复邮件时，往往还会抄送相关负责教师。这是因为不少学区曾发生了有家长将教师的回复邮件掐头去尾、断章取义，以对教师提出控告。可以说这既是美国公立学校的教师们在实践中摸索出来的一种自我保护的手段，也是学区提倡教师使用学区邮箱与学生家长进行联系的原因之一。

四、促进教师自身发展的继续教育会议以及培训学习

近年来，美国中小学生的学习质量在国际评估中排名下降，引起了美国教育界以及相关人士对本国基础教育的普遍关注以及担忧。作为教学中最重要的一环，公立中小学教师队伍的建设已经成为很多美国人关注基础教学的焦点。不少人相信是因为中小学教师的自身素质跟不上时代的要求才导致了美国中小学教学质量的日益下降，因此，大众对美国的教师队伍建设提出了激烈的抨击。

针对这样的现状，奥巴马在任期间推行的教改计划里，教师成为了重点关注的对象。奥巴马政府希望通过增加教育预算、提高教师地位、打造精英教师团体以及奖励优秀教师人才等一系列措施来吸引更

多的人才投身到美国的基础教育事业中，并在此基础上提高教师专业的培养性，培养高效教师，促进教师职业发展并最终实现打造高质量教师队伍的目标。

因此，为了提高教师专业素质以及实际教学技能，保证教师自身的专业知识与时俱进，美国各州、地方教育委员会以及学区都对教师的继续教育提出了一定的要求，其中包括教师资格证需每5年更新一次，辖区教师每学期需参加指定学时的继续教育学习等。同时，为了鼓励教师们主动参加各种学习，学区和校方也会为教师们的继续教育提供便利，包括提供各种继续教育的机会以及必要的经费支持。

对于美国公立学校的教师们而言，日常参加最多的就是由学区和学校组织的各种与教学相关的会议和培训。这些培训有些是与教学相关的，包括学习最新的教学标准以及相关的教材使用培训、教学法技巧培训等；还有一些可能是有关最新的教育法律和政策的培训，比如特殊学生教育法，标准化测试规定等。在美国公立学校这样的培训和学习，多的时候一个星期会连着安排好几次，有时甚至一天就有两三次。笔者在短短的两年里所参加的学区范围内的各种培训会议，少说也有八九十场。换句话说，基本上每个星期笔者都至少会参加一次培训。

这些日常会议和培训学习的单次时间从一小时到一天不等，内容涉及教育法规、信息技术、教学法以及教学管理等。就参加对象来说，学区和学校举行的继续教育既有面向全体教职员工的，也有针对部分特定教学群体的，既有强制性的，也有自愿参加的。下面我们就分别来看看教师们日常参加的继续教育会议和继续教育培训学习吧。

1. 继续教育会议

参加各种性质的会议是美国公立学校教师们教学以外的重点日

程之一。初到美国时,美国学校和学区的会议之多,着实让我大吃一惊。这些林林总总的会议,大到面向整个社区的座谈会,小到教师与家长的个别会谈,既有与教学相关的,也有为保障教师福利而召开的。当然其中召开最频繁也是教师们参加最多的,便是与教学紧密相关的各种带有继续教育性质的会议了。

这些教育会议中,一些是属于例行公事的固定日程,例如教师们参与次数最多的全校教职工每周例会以及年级教师教学讨论会议。这种会议一般会在放学后或者轮转年级科任教学的时间段召开,会议时间大致在 45 分钟到 1 个小时左右,有时根据会议内容也会稍微延长。一般说来,全校会议是由校长或者学校带头教师召开的,主要总结本段时间的教学情况,传达新的教学政策以及近期的工作重点,有时学校也会利用这个时间,组织教师们进行集体读书会。年级会议的出席者则是同年级全体教师,召开的方式主要有两种:一种是由年级负责教师对教学情况进行总结,由教师们分享好的教学点子和教学案例,通常气氛比较轻松;另一种则是由 Coach 主持召开并向教师们询问单元教学心得,进行教学设计分享以及考试数据分析等,这时候的会议就可能显得比较沉闷了。由于这类会议属于常规会议,并没有固定的召开时间,因此一旦安排在班级轮换专项课程的时候进行,与会教师们就会特别注意控制会议进行的长度。因为根据相关规定,去专项课程上课的学生需要等到班主任教师和专项教师亲自完成交替,才能离开专项课程教师回到原班教室。如果不能按时完成学生交接,很可能会影响其他年级正常上课的时间。因此,为了避免教师们一时聊得兴起忘记了时间,通常在会议开始之前就会指定一位教师专门负责计时。即使这样,超时还是难免会发生,这时就很可能引起各位科任教师的不满。希尔顿黑德岛小学就曾经发生过因为年级会议超时引发科任教师集体署名以邮件的方式向校长进行抗议,而校长不得不亲自出面调解的情形。除了科任教师的不满,有时参加会议的教师也会对此类会议怨声载道,抱怨占用自己本就不多的教学准备和休息时间。这是因为尽管在美国公立学校这些日常会议已经成为教师们教学日程的一部分,但是如果一周内连着好几天都有这样的会议安排,就会影响和减少教师们教学准备和检查的时间,有些教师为了不耽误下一个教学环节,不得不将作业带到会议现场批改。为了避免这样的情况,通常各方会协调会议召开的时间。

另一些继续教育会议,则是出于某种特定目的而单独召开的。其中既有针对某些特定教学项目的,也有针对某项教学工作或者新出炉的教学政策的,例如新教材和教学软件的学习、教学项目展开的研究等。这类会议的出席人员需要根据每次会议的具体需要而定。这类会议或者培训召开的时间一般是会事先通知的,如果占用了正常的行课时间,教师们还需要寻找临时的代课教师。

2. 继续教育培训学习

除了各种继续教育会议,各学区还要求教师们定期参加各类培训学习,以不断提高自身素质和更新知识储备。美国公立学校教师参加的继续教育培训学习大致也可以分为两类:一类是由学区或者校方安排、穿插于学期间的,另一类则是教师们利用自己的休息时间自主参加的。

首先来看看由学区和校方组织的培训学习。这些培训学习既有专题讲座,也有专题研讨会,形式丰富多样。培训的日子就是学区在教学日历上标注的属于教职员工自我发展(Self - development)的日子。之前笔者也提到过,美国公立学校教师的法定工作日一般是190天。在这190天中,除去属于正常教学的180天,剩下的10天便是所谓的自我发展日。

在学区统一规定的自我发展日里,虽然学生不用到校上课,但是教师们却必须按时到校。因为这些日子对于教师们来说仍然属于学区法定的正常工作日,教师如果因事不能按时参加,则需要按照有关规定向校方或者学区负责人请假。在自我发展日,学校或者学区通常都会提前将此次培训的专题以电子邮件的方式发送给教师,以便教师们能根据自己的需要作出选择。有的培训是可以取得相关证书的,教师们参与的积极性也很高,主办方不得不按照教师们报名的先后顺序对参与者进行限额,而其他一些自发的学习小组就可能显得冷清很多。如果在本次的自选培训日中没有教师感兴趣或者需要参加的专题时,教师就可以待在教室里备课。这些日子对于教师来说或许是相对轻松的,没有了学生的喧闹,校园也显得格外安静。终日处于战斗状态的教师们利用这难得的休整机会,或者参加研讨组,或者准备课程和布置教室。对于长期被班级教学和管理缠得脱不开身的班主任来说,好处之一便是还会拥有 1 个小时到 1 个半小时的午餐时间。要知道在平日里教师们的午餐时间只有可怜的 20 分钟,这期间还得不停地管理学生,因此不少教师的午餐吃得非常简单,通常是面包、三明治或者冷冻速食。而在自我学习的日子里,教师们则悠闲了许多,心情好的时候甚至会结伴外出享用难得的午餐时光。

除了自选培训,还有集体规定培训。这类培训大多是学区或者校方按照教师的具体教学任务进行安排的,教师们只需按照收到的日程去指定的地点参加即可。就笔者参加过的集体培训规模来说,既有上百人的也有不到十人的。正式的培训大都会持续半天到一天的时间。由于会议的时间比较长,会议的组织者大都会提供一些简单的零食、饮料或者午餐。通常与会者到达会场后,都会得到一张有关会议进行的日程表,有时主讲人还会准备一些与会议相关的提纲或者讲义供大家参考。有的培训结束后,会授予印有参与者姓名的相关证书。不过这些证书相比于国内的就简单多了,大都是一张 A4 大小的纸,有时甚至会用电子版本来代替。

一般来说,理论的培训多少会有点枯燥,不过美国教师似乎并不太担心这一点儿,因为美国教师培训会议的主讲人大都非常重视和与会者的互动。通过互动不仅可以活跃会议气氛,让与会者进入更加主动的学习状态,也能让主讲人在第一时间得到来自与会者的反馈,从而及时调整自己的讲解计划,以达到最好的培训效果。因此,虽然会议很多,持续的时间很长,却很少让笔者昏昏欲睡。这些互动既有最基本的提问式的,也有分组讨论类的,还有自由交谈类的。或许与美国人的性格有关,或许和美国人从小受的教育方式有关,也或许是因为参加会议的大都是从事教育相关的工作者,主讲人多数情况下都不用担心出现冷场的状况。不可否认的是,一次效果良好的会议背后,是会议组织者和主讲人精心策划和准备的结果。其实很多时候组织一次会议所付出的心血,并不亚于平日里辛勤备课的努力程度。而且参加会议的都是有着丰富执教经验的同行,可谓藏龙卧虎,主讲人自然也不敢有丝毫懈怠。为了提高培训的效率,鼓励来自不同学校和学区的教师相互交流,有些主讲人甚至在与会者的座位安排上绞尽脑汁。这些主讲人可能将讲义分别印成不同的色彩,让教师们按照拿到的颜色分组;也可能在每个座位上准备不同的文具,待教师坐定后让教师们按照桌上的文具寻找自己的小组。总之,会议的主讲人绝对不会让自己的培训变成“独角戏”。

至于教师们为了自身发展需要自主参加的一些与自己教学领域相关的培训,则大多会安排在假期进行。有时学区也会为教师们提供假期进修班，还有不少教师为了提高自身的专业修养选择长期深造，例如全日制脱产进修、远程进修、学分进修等。由于这些培训并不是学校教学日程的安排，如果占用正常的行课时间，教师们就需要先与校方进行沟通，在取得校方的许可后按相关规定找到代课教师。

美国的这些继续教育培训虽目的不同，性质各异，但都具备很高的互动性。很多培训的进行就如同教师们平时的教学一样，主讲人总是会绞尽脑汁地设计各个环节，努力让每一位与会人员参与到互动中来。参加会议或者培训的教师们大多也非常愿意在互动环节中发表自己的看法、观点和意见，而随着不同看法、观点和意见的相互碰撞，不少关于教育的灵感或许就此诞生。

无论是什么形式的继续教育，其目的都是为了促进教师自身的全面发展和教师专业素质的提高。大多数情况下美国学区和学校都会对参加继续学习的教师持支持态度，并在教师取得培训认证时给予一定的经济补助，如果碰巧学区或者学校经费不足，教师们就不得不自出学费。由于美国教育界长期以来都对教师的专业素养有着较高的要求，并且教师自身学历也与收入直接相关，因此从长远角度出发，很多教师即使自掏腰包并牺牲休息时间，也会积极参加与自身专业相关的进修学习。

五、开放的听课制度

开放的听课制度是美国公立小学教师们在教学中必须面对的一大挑战。每个班级的教学都是公开透明的，校长、学区负责人、家长随时都可能到班上参观、听课并进行教学评估。也就是说，在美国公立学校上课的教师们必须随时做好被听课的准备。开放式的听课制度源于美国学区对教师实行跟踪式的评价制度，也就是说，学区会对辖区内教师的教学做连续的听课观察记录，并进行相关评估。这种听课评估既可能是定期的也可能是不定期的。因此从某种程度上说，美国公立学校的教师们每天都需要做好被听课的准备，这就是所谓的开放性的听课制度。

为了应对随时到来的“访客”，不少学校都会要求教师们将每天的教学大纲和教学计划打印出来，摆放在固定的位置，以供来访的参观者更好地了解教学情况。这些来到班级听课的“访客们”可不光是坐着听听，站着看看，他们也会在讲课的间隙和班主任教师聊天，或者直接与班上的学生交谈。这种交谈完全是随机的，通过与学生们的谈话，来访者可以获得学生对知识掌握情况的直接反馈，从而对教师授课进行更为可靠的有效性评估。

这种开放性的听课制度不仅对教师具有很大的挑战性，对于学生们来说也是一种极大的挑战。当非专业人员来访而学生年龄又偏小，尤其是参观一年级学生时，课堂管理就成了教师的一大难题。美国学区为了让幼儿园或者学前班孩子的家长们更好地了解学区内每个小学的教育特点，以选择适合自己孩子就读的学校，会在固定的日期开放辖区内学校校园，让准新生家长进行参观。到了指定的日子，家长们就会在校方的带领下对学校进行逐一考察，其中就包括对一年级课堂的听课。这样的听课通常会持续好几天，学校为了吸引更多的生源、争取更多的教育经费，也会动员一年级的教师拿出百分之两百的精神来面对访客，有时还会派遣校方的重要人员进行陪同。教师们虽对此习以为常，但还是常常抱怨来宾太多让自己班上的孩子不知所措。一下子涌入人数众多的参观者，很容易给学生尤其是低年级的学生造成困扰，并且分散学生的注意力，严重的甚至还会影响教师的课堂教学。一位在一年级任教的班主任教师就曾抱怨:某年参观,校长一次性带来了二十几位家长,突如其来的家长一下子把整个教室都塞满了,班上的学生则好奇地看着这些来访者。来访家长们还不时四处走动、交头接耳,惹得学生们东张西望,以至她的讲课根本无法继续。面对这样的情况,这位教师也只能强忍怒火,临时改变教学计划才让课堂重归平静。时隔几年之后提起这件事情,这位班主任教师还是显得耿耿于怀,认为这样的听课制度是对教师的不尊重。

不过学区和学校这样做也有不得已的苦衷。笔者已在前些章节曾提及,美国公立学校的办学经费主要来自各级政府的税收收入。政府在进行财政拨款时,各个学校的注册学生人数就会成为重要的参考标准。为了争取更多的教学经费拨款,学区内的各个学校都会想方设法地吸引学区管辖范围内尽可能多的学生。因此学校开放日一方面是为了让家长们更好地选择适合自己孩子的学校,另一方面也是为了让学校能更多地吸引这些自主择校的家长们,以获取更多的办学经费。因此让大量家长涌入课堂,对于普遍缺乏经费的美国公立学校来说也是无奈之举。

事实上,比起家长来访,更让教师们感到头痛的是学区相关人员的听课审查。如果说家长们的到来仅仅是造成教师们教学组织的不便,那么学区负责人的听课则给任课教师带来了更大的精神压力。除了前面已经提到过的指导教师对新进师资的听课评估,美国学区还会不定期对辖区内其他正式教师进行抽查听课。尤其是接受经费支助的重点教学项目,学区项目负责人甚至学监(Superintendent)都会亲自来访,对参与项目的教师课堂进行考察和评估。这些评估结果会关系到整个教学项目是否达标、能否持续开展以及学区是否对学校继续提供经费的援助。这种性质的听课对于学校和教师来说意义重大,因此每次听课前,校长都会提前和班主任教师核对上课时间,有时更是全程陪同,以确保这些重要访客到来时,能尽可能多地注意到与项目相关的内容教学。由于事关重大,被听课的教师们多少都会有些紧张,即使是身经百战的老教师也常常惴惴不安,反复确认自己的教学流程,并会向学生们再三申明课堂纪律,生怕出现半点儿差错。笔者曾经问过一位被抽查听课的教师为什么如此慎重与紧张,她笑着说:"这可是我的老板,我这碗饭能不能吃下去就靠他了。"虽然这话多少有些玩笑的意味,却足以说明这些来自学区的听课对于学校和教师来说何等重要。这类听课在专业性上与家长的来访相比就提高了很多。来访者不仅会仔细地观察教师的授课,查看学生的作业,还会直接根据教师的授课内容随机向班上的学生进行提问,检测教学效果。如果时间充裕,这些专业人士还会和参与项目的教师进行交谈,以了解项目的进展情况。

据跟踪式听课评估的要求,每所公立学校也会对自己的教师进行抽查听课。虽然比起学区来访压力小了很多,但是校方听课大多是由校长或者 Coach 直接担任,被抽查的教师仍然不敢有一丝懈怠。一般而言,校方的听课大致可以分为正式和非正式两类。正式的听课既可能是由学校校长、副校长或者相关负责人每年定期对教师进行的教学评估,也可能是因为某位教师的教学受到了家长的质疑而由校方派人亲自督课。对于这两类听课,听课人都会做详细的笔记并且和授课教师进行非常正式的会谈,交换彼此对于教学的意见。非正式的听课则可能是学校领导们在路过教师课堂时,一时兴起走进教室并做短暂的停留,教师们对此也早就习以为常了。

说到听课,自然也少不了同行教师们之间的互相切磋。这种带有学习切磋性质的听课,不仅仅是同校教师之间,有时不同学校同一项目组的教师间也会互相听课。这种听课一般是教师们为了相互交流教学经验,互相学习借鉴而进行的。美国的教师在设计教学活动时常常会蹦出非常有趣的点子,大多也非常乐于分享给其他教师,因此,不少教师对于同行们提出的听课提议都非常欢迎。不过出于礼貌,也为了不打扰对方的正常教学并且表明自己的诚意,在去听课前,一般需要提前征求对方的意见。在得到对方肯定的答复以后,就可以敲定听课时间了。

对于笔者个人来说,感受最深的要算来自校方的听课,原因之一是这样的听课让笔者有机会体会到了美国公立学校对教师进行评估的全套程序——听课、评价、会谈和回访四个环节。按照笔者在希尔顿黑德岛小学的工作合同,校方每个学年会对笔者进行至少四次听课。在听课后一周左右,校方听课代表会就此次听课与笔者进行一对一的意见交换会谈。会谈的前半部分主要是听课者讲述听课感受,课程进行中所注意到的各种细节以及评分定级的缘由,之后便是被评分者对评分者所提出的意见和建议表示是否赞同,如果存在分歧则可以在此时提出。

在经历了几次与校方人员的评分会谈之后,笔者对美国教师教学评估的标准有了更深刻的感受。正如笔者在介绍美国教师进行教室布置时突出的是学生而不是教师本人,美国的教师评估制度重点也并不在于教师本身,而在于教师的教学效果。原因很简单:学生才是教学的中心,学生的学习效果才是评价教师教学质量的根本。正因为如此,在美国的课堂上很少有教师把自己放在教学的中心。

六、美国教师的课堂管理

所谓课堂管理,就是教师在教学过程中,对课堂纪律、课堂环境以及课堂参与者之间的关系进行各种管理和调解。由于笔者在赴美之前一直在高校担任教学工作,虽然偶尔也需要进行纪律维持和气氛调动来保证教学的有效性和公平性,但课堂管理并不是一件需要额外担心的事情,但在美国公立学校就完全不一样了。

很多人都说美国学校的课堂是快乐的,自由的,富有创造力的,从某种程度上来说确实如此。本着让学生主动参与到学习中的理念,很多教师都很注重轻松活泼的课堂气氛,但这并不意味着美国教师的课堂里没有纪律的约束。有效的课堂管理不仅被视为是高效教师和优秀教师必备的品质,也是新教师培训中重要的一环。美国的教育者们也出版了很多进行有效课堂管理的著作供教师们参考,其中不少优秀著作也被列为新教师培训的必读书目。笔者在博福特学区接受新教师培训时,学区就为每一位新教师准备了好几本有关课堂管理的书籍供新教师们阅读学习。

虽然在来美国之前就已经被打了各种关于美国孩子在课堂中自由散漫难以管理的预防针,但百闻不如一见。直到笔者真正投身于美国公立小学教学实践中才体会到美国小学的课堂管理到底有多难。

的确如之前的传闻那样,在崇尚自由和个性的文化氛围下长大的孩子们对于所谓的权威并不轻易服从,即使在课堂上面对教师也是一样。美国公立学校的教师们要想在学生中树立足够的威信并进行有效的课堂管理不是一件容易的事情。因此有美国学者认为,在教学中对学生学习影响最大的还是课堂管理。在他们看来,课堂管理指的是一切涉及学生学习的学生行为、教学时空以及教学用具的组织和管理,简言之,就是包括对课堂所在时空的一切主客观因素所进行的管理。在他们看来,好的课堂管理意味着教师的教学能让学生明确知道并参与学习任务,课堂气氛轻松并且融洽,很少形成混乱的场面。事实也证明了这一点，很多被誉为“高效”或者作为“模范典型”的老师或许在性格和教学风格上各具特色，但有一点却是相同的，那就是都非常善于进行有效的课堂管理。

具体而言，美国公立学校的教师每日进行的课堂管理主要包括课堂布置、学生行为管理、课堂纪律调节、师生关系以及学生与学生关系的处理等。

课堂布置可以说是课堂管理的准备阶段，科学的课堂布置能够为教师顺利进行课堂教学提供必要的基础和客观的保障。除了本书前面章节已经提到过的教师对于教室内外的各种装饰设计以外，美国公立学校的教师们还会对教室进行分区，譬如教师区、阅读区、小组学习区、电脑学习区、工具书区等。进行分区不但有利于教师对教学资料的管理以及高效率的组织教学，还能够让学生们在教学中按要求有效率地完成各种学习任务，避免浪费不必要的时间。在美国教师看来，让学生们清楚地知道自己的任务是高效能课堂管理的重要表现之一。

学生行为管理主要指的是教师对学生的行为要求以及当学生出现不符合要求时的处理办法。这大概是最能体现教师与学生斗智斗勇的课堂管理环节了。虽然美国公立小学的班级人数大都在 20 名以下，但是要让一位教师本着自由平等的原则，让正处于精力旺盛时期的孩子们在长达 7 小时的时间里一直乖乖听课也绝非易事。这些一个个看起来都带着天使般笑容的小精灵们有时好得让人难以置信，有时又糟糕得让人垂头丧气，教师们也如同乘坐过山车一样，在高峰与低谷之间呼啸而过，无限循环。尤其是在面对无拘无束的美国孩子时，很多教师每天都在感叹着自己永远无法预知班上这些富有创造性的孩子下一秒会在课堂上弄出什么花样。或许美国人也深知学生行为管理给中小学教师带来了极大的挑战，因此在对教师行为进行严格管制的同时，也从法律上赋予了教师们对学生实行体罚的权利。截至2014年，美国仍然有19个州认可教师体罚的合法地位。不过显而易见的是，对学生进行惩罚并不是最为有效的行为管理方式，优秀的教师也不会将体罚作为管理学生行为的主要手段。

为了让班里的孩子在接受课堂行为管理时口服心服，不少有经验的教师都会本着民主原则在开学前就课堂纪律与班上全体学生达成一致，共同制作班级行为规范，并按照达成的协议在教学中严格执行。这样做的好处之一是作为行为规范的制定者，学生们自发地充当起了违纪行为监督员，时不时地帮助教师维持课堂秩序，纠正不当行为。而当有学生发生违纪行为不得不接受处罚时，因为是共同参与制定的行为协定，即使心有不满也只能默默接受。除了“全民”协议，美国公立学校的教师们在对学生进行行为管理时大都还有备用方案，简短有力的身体言语便是很多教师的法宝之一。有时教师们还会准备很多小道具来配合身体言语指令提醒学生注意课堂纪律，比如摇晃铃铛、出示行动示意牌等。

让笔者感到惊讶的是，美国中小学教师很少通过提高音量来吸引学生注意力。在他们看来，大声呵斥的行为不仅不能让学生安静，还可能让课堂更加混乱，并且利用音量来进行课堂管理也是教师教学技巧不足的表现。相反，很多教师在学生们说话音量过大时会降低自己的声调，有时甚至会采用耳语般的音量授课。此时喧闹的学生们为了听清教师的话语反而专注起来，课堂自然也就安静下来，同样达到了对学生进行行为管理的效果。

必要的奖励也是教师们进行课堂管理的法宝之一。为了彰显课堂管理奖惩分明的原则，并且鼓励更多的孩子力争上游，美国公立学校的很多教师都会随时准备一些小奖品，例如贴纸、零食等，以便学生做出模范带头作用的时候及时给予表彰。令我感到意外的是，美国孩子将获奖的意义看得远高于获得奖品。不论是什么样的奖品，一张贴纸，一支铅笔都能让这些孩子们兴奋一整天。不仅如此，不少教师或者学校还发展出了一整套的奖励兑换制度。在既定的兑换制度下，教师或者校方会事先准备一些类似代币性质的奖励卡片，并根据学生的表现进行分发。学生们每积累一定的卡片，就可以根据兑换制度换取与之相应的奖品。这些奖品包括学习用品、书籍、玩具和零食等，累积到一定的数量甚至还可以换取与校长或者副校长共同享用午餐的机会。曾经笔者班里就有一位个子小小的女生，为了换取和校长共进午餐努力集齐了100张卡片。当目标达成时，她获得了来自全班同学的欢呼和祝贺。

通过两年的教学体验，以笔者个人的观察来看，这样的奖品激励制度对于美国的孩子们来说还是很奏效的。每次换取礼品的时候，拥有足够卡片的孩子们总是兴致勃勃地计划着自己要兑换的物品，而平时表现欠佳的孩子，这时就只能眼巴巴地看着那些欢天喜地的小朋友，或者反复计算自己屈指可数的几张卡片，然后暗自下定决心一定要在以后的日子里表现得更好以获得更多的奖励。

不过一名优秀的教师是绝对不会仅仅依靠白纸黑字的条条框框、干巴巴的言语指令或者带着些许功利性质的奖励制度来管理课堂的。在优秀教师看来，生动有趣的课堂教学，才是课堂管理的最佳法宝。下面就让我们一起来看一些具有代表性的美国教师的课堂教学吧。

七、美国教师的课堂教学

作为教育工作者，我们都知道课堂教学是将教学目标和教学内容转化为现实教育的最重要的环节。教师们课前课后花费大量时间和心血进行细致入微的备课,也都是为了在课堂教学时,能够帮助学生们以最佳的效率和最优的方式进行学习,以便达到最好的教学效果。不少国人对美国教师的课堂教学方法也是推崇备至,笔者在希尔顿黑德岛小学任教的两年里,也有幸目睹了不少同校优秀教师的课堂教学,感受最深的就是美国教师与学生的课堂互动。很多美国小学的教师们在语言和肢体上都极富表演力,也很善于利用教学环境进行课堂教学的组织来更好地与学生互动,以激发学生们主动学习。

笔者曾经旁听过一位西班牙语教师给三年级学生上的西班牙语课。这位西班牙语教师并没有自己的教室,所以每次上课都她都会带着满满一篮子的教具去指定班级授课。笔者旁听的是一节有关动物和大自然的课。这位西班牙语教师到了教室以后,并不急于开始上课,而是减弱了教室的灯光。突如其来的新鲜感让已经上了大半天课、略有倦意的学生们都兴奋了起来。接着这位西班牙语老师开始在幻灯片的配合下摇摆着唱歌,在教师的带领下,学生们也开始跟着教师的动作一起歌唱,笔者猜想这应该是在复习上一次学习的词汇。短短的几分钟,简单的旋律配上形象的动作,让人不难猜到这些歌词的内容。在接下来的时间里,这位西班牙语教师用丰富的肢体动作和色彩鲜艳的各种教具带领着学生们进行了一趟奇妙的森林之旅。下课后笔者到这位西班牙语教师的办公室与她进行了感想交流。

踏进办公室的一刹那,笔者情不自禁地发出了“哇”的赞叹声,小小的办公室被各种与西班牙文化相关的饰品装饰着。其实在进入办公室前,笔者就已经注意到了这位教师在办公室外墙上挂着的各种非常有文化气息的图片。这位教师大概注意到了笔者的表情,于是笑着说这些都是她外出旅游时搜集的。接着她解释道,对于小学的孩子来说,最重要的还是需要借助形象性的教辅学习。每次外出到与西班牙文化相关的国家旅游,她都会留心各种色彩鲜艳、外形独特且具有浓郁文化气息的纪念品。“你不知道什么时候就会用得上它们”,这位西班牙语教师的话也代表了很多美国公立学校教师的心声。虽然美国的公立学校大都储备有各种与教学配套的教学用具,很多教师还是愿意自己动手设计制作一些适合自己教学风格并且便于学生参与其中的教学道具。不仅如此,很多教师在日常购物时也会为自己的教学列一份清单,采购各种可能运用于教学中的道具和材料,从中不难窥见教师们为了组织教学所花费的心血。

在美国,教师们或许有着各自不同的教学技巧和教学习惯,但就流程来说却十分相似,大致都遵循着“教学准备→热身活动→核心问题→集体学习→个别指导→学习总结”这样的顺序进行。

教学准备是教学流程的开端,也是保证实际教学顺利进行的重要前提。但凡严谨的教师都会在实际教学开始前做好十足的教学准备。除去必要的备课,美国公立小学的教师每天早上在学生到达教室之前还会进行如下教学准备:削铅笔、清点教材、分装教具、整理文件夹等。在准备好了这些学习用品之后,美国的教师们还会将当天教学的目标、内容以及核心问题(essential question)以提纲的形式书写在黑板或者智能白板上,然后开始查收来自学区或者校方的邮件,确认一天的日程安排。这时有的教师会播放一些轻松的音乐,等待学生的到来。

热身活动则是为了让刚刚进入教室的学生尽快进入学习状态。随着学生们陆续进入教室,教室的气氛也变得热闹起来。学生们趁着整理着装、摆放书包的时间相互打招呼,欢快地聊着各种急于与他人分享的话题。为了帮助这些还处于兴奋状态的学生们顺利进入平和的学习状态,教师们通常会选择在课程开始前 5 分钟进行一些教学辅助活动,例如值日生报告,对国旗宣誓等。在完成这一系列热身活动之后,学生们的情绪基本上也就从同学刚见面时的兴奋恢复到了平静,正式上课也就此开始了。

一般说来,美国小学课堂正式上课的第一个环节是核心问题的阅读和学习。核心问题可谓美国公立学校教学的一大特色。本质上来说,核心问题就是将本节课的教学重点以特指问句的形式提出从而启发学生们对所学习的知识要点进行批判性思考,例如数学课上的问题"整数有什么样的性质?",写作课上的问题"背景设置对于故事的发展有何意义?"等。由于美国小学的课堂教学大多是基于问题探索和问题解决的教学模式,因此教师们授课开始的第一个环节,便是让学生们阅读并讨论之前自己写在黑板或者白板上的有关当天学习的核心问题。为了有效地激发学生进行思考和探究,不少学校都非常重视核心问题的归纳和提出。有的学校不仅要求教师在每天上课前将本次教学的核心问题都以板书的形式显著地写出,并且要求教师们将这些核心问题以可见的方式保持到当天授课完毕。这样不仅能就即将进行的学习内容为学生们做出提示,帮助教师在教学结束后对学生知识掌握情况进行检测,还能帮助来访者了解教师的教学进程和内容。而核心问题的准确性和相关性,也被视为评估教师教学能力的一把标尺。阅读了核心问题之后,就进入了讨论环节,在探索模式教育下成长的美国小学生一向是不惧回答问题的,相反,好胜的性格还会促使他们争先恐后地举手,虽然这并不意味着他们真的理解了这个问题。这时为了保证教学的公正性,教师会耐心地请举手的学生一一作答。这期间有时你也会发现这齐刷刷高举的小手中也有不少是滥竽充数的。这些孩子在被指名可以作答以后,要么支支吾吾要么回答得南辕北辙。不过美国的教师们对此似乎已经习以为常。只要学生愿意参与到教学之中，教师都会给以肯定的鼓励。不管学生的答案对错与否，教师都会给予正面的评价，例如"不错的尝试、很好的想法"等。由此看来，"重在参与"确实被美国公立学校的教师和学生们发挥得淋漓尽致。不仅如此，鉴于美国教育界对"公平教育"理念的提倡，教师在课堂问答的环节会按照机会均等的原则尽量照顾到每一位学生，因此，回答问题并得到教师的嘉奖不仅仅是部分"尖子生"的特权。

核心问题与非核心问题的比较

Essential Questions （核心问题）	Not Essential Questions （非核心问题）
How do the arts shape, as well as reflect, a culture? 艺术如何形成、反映一种文化？	What common artistic symbols were used by the Incas and the Mayans? 印加文化和玛雅文化使用了哪些共同的艺术符号？
What do effective problem solvers do when they get stuck? 陷入僵局时，有效的问题解决者是如何做的？	What steps did you follow to get your answer? 你是通过哪些步骤得到答案的？
How strong is the scientific evidence? 科学证据的力量有多强大？	What is a variable in scientific investigations? 科学调研中的变量是什么？

英文源自 Wiggins, G. and McTighe, J. (2013) Essential questions: Opening doors to student understanding. Alexandria, VA: ASCD (Association of Supervision and Curriculum Development, 笔者译.

当然对于教师们来说，对学生进行核心问题的提问并不是单纯地激励学生们的学习热情，更重要的是通过学生们的回答，判断学生现有的知识背景并及时调整教学计划。由于核心问题的设置大都是环环相扣的，教师还能够通过学生对于核心问题的理解，对之前的教学以及学生的掌握情况进行评估，必要的时候还会对已经学过的知识进行巩固及强化。通过对核心问题的积极思考,学生们的大脑也进入了活跃期,教师也基本完成了本节课的知识导入,课堂教学也随之进入了集体学习(Group Learning)的阶段。有趣的是,美国的教师在授课时并不会急于告诉学生所谓的公理以及结论,更多的情况是教师以辅助者的角色,启发学生发现解决问题的方法,并且适时鼓励学生们通过观察和思考来学习、掌握目标知识。这时教师之前准备的各种教具就派上用场了。美国小学的教师对直观性强的教具非常青睐。在集体学习时,教师大都会分发给学生一些与核心问题相关的教具,学生则在教师的启发下利用这些道具进行实际操作,在操作中发现解决问题的方法。

例如,在一次一年级学习有关度量知识的教学课上,上课的教师分发给学生很多道具,包括回形针、方块积木、铅笔、橡皮擦等。当学生们正对这些道具产生好奇之时,教师便向全班提出了问题,怎样利用这些物品得到你朋友的身高?听到问题后学生们都兴奋不已,并且跃跃欲试。于是教师又邀请一位同学作为模特躺在地毯上,让孩子们提出观点并实践自己的想法。很快孩子们就想出了不同的方法,开始利用教师提供的道具对模特儿的身高开始测量。在完成了几轮测量之后,教师将学生们的结果一一写在智能白板上:Hayley 的身高 =47 个回形针 +1 个方块,Hayley 的身高 =95 个方块,Hayley 的身高 =6 支铅笔 +5 个方块;Nicky 的身高 =50 个回形针,Nicky 的身高 =100 个方块,Nicky 的身高 =6 支铅笔 +10 个方块。完成书写后的教师开始向学生们进行提问:“这说明了什么?”学生们争先恐后地发言,有的认为 Nicky 高,有的认为 Nicky 比 Hayley 高……教师面带微笑对学生们的答案给予充分肯定,并耐心地诱导:“你们怎么知道 Nicky 高的呀?”“你们怎么知道 Nicky 和 Hayley 的身高的呀?”“这说明了什么呀?”在教师的循循善诱下,学生们也一步一步地接近学习的重点:我们可以利用不同的东西对物体进行度量。

在另一堂物理科学实验课上也是如此。为了学习有关力的知识,学生们正在尝试做纸飞机。当堂课的授课教师也并不急于告诉学生纸飞机究竟应该怎么做,而是让学生们按照自己的想象完成自己的设计。不一会课桌上就出现了造型各异的纸飞机,有的甚至根本就还是一张纸的造型。即使如此,教师也不急于纠正学生的错误。当全部学生都完成了制作,教师让学生们拿着各自的飞机排成两路纵队,两两开始放飞,这时纸飞机的性能就在试飞中显现无疑了。在所有学生都完成试飞以后,教师将飞行效果好的几架纸飞机放在课桌上让学生们仔细观察,然后宣布开始第二轮制作。两三轮以后,不仅飞机的造型规范了很多,学生们也在慢慢摸索中发现了飞行效果好的纸飞机在设计上能更好地利用“力”。就在这反复的动手、观察和思索的过程中,学生们不知不觉地就在教师的带领下完成了对于物理概念的学习。

虽然这样的集体学习很有趣也很热闹,但难免会有“滥竽充数”的情况发生。为了获得有关学生学习更为准确的情况反馈,教师们还会留给学生独立完成学习任务的时间,这就是美国小学课堂的个别指导环节。通常这个时候教师会让学生尝试独立完成与核心问题相关的练习题。在学生们完成作业的过程中,教师通过在教室里的走动,对学生作业的完成情况进行一一观察。通过这样的近距离观察,教师能得到本次教学和学生知识掌握情况的反馈信息,并进行有针对性的个别指导。对于能顺利完成作业的学生,教师会让他们进入稍具挑战性的练习环节;对于稍有困难的学生,教师会进行思维启发,鼓励他们开动脑筋解决问题;而对于完全不知所措的学生,教师就会进行单独辅导。这段时间也是教师对自身教学进行反省的时间,通过对学生作业完成情况的观察,教师会决定是否进入新知识的教学。如果学生掌握的整体情况不甚理想,教师就会考虑是否择日再次进行该知识点的学习。

其实这种独特的教学风格,在某种程度上可以看作是美国的社会文化传统以及教育理念在一定程度上的体现。很多在我们看来富有创意的课堂活动,早已成为美国教师专业培训中类似公式般的存在,甚至被一些教师看作是日常教学的套路。正因为如此,一些被国人津津乐道的课堂教学,却成为了美国基础教育被诟病之处,认为这种名曰互动实则杂乱无章的课堂教学对于学生学习知识并没有太大的促进作用。同时美国公立小学教师身兼数职的教学方式,也引起了越来越多人的反思。毕竟作为教师个人来说,总有着自己更为擅长和相对薄弱的领域,正如古人所言——“术业有专攻”。

八、请假制度

根据相关规定,美国公立学校教师的法定工作日一般为 190 天。在 190 天的工作日中,教师们都能享有固定日期的法定假日,法定日期以内的请假是不会被扣工资的,也就是所谓的带薪假期。以南卡罗莱纳州博福特学区为例,辖区内的正式教师一般享有 10 天左右的个人带薪假期。这 10 天假期包括 7 天病假和 3 天事假。如果在学年内没有请假,教师们还可以累积这些假期,到了一定的时候可向学校或者学区提出请休一次性长假。虽然这对于教师来说是不错的选择,但是对于校方来说就没有那么让人开心了。为了维持正常的教学秩序并减少不必要的开支,一些学区还会对全勤教师进行额外的奖励以资鼓励。

不过教师想要身体健康地度过这 180 天也并非易事,尤其是在终日门窗紧闭的美国小学。孩子们一直是各种病毒的易感人群,尤其是换季时节,各个学校里的流感病毒几乎从来没有间断过,每日和学生们密切接触的教师常常也是自身难保。也正因为如此,教师们也十分注意保持自身的身体健康。很多教师即使工作再累也会在下班后去健身房活动活动以提高自身身体素质。

一旦生病,相比于带病坚持上课,很多美国公立学校的教师还是会选择在家休息。一来是为了及时恢复不耽误更多的课程,二来也是为了不给他人的健康带来麻烦。从某种程度上说,带病坚持工作在美国并不是值得鼓励的。

在美国公立学校要请假的话,教师们还需要遵循一定的程序。在博福特学区,若非紧急事件,教师在请假前,至少需要提前 1 个星期告知学校校长请假的缘由,并等待校长的回复。得到校长肯定的答复以后,教师还必须登录学区网站,找到能够接替自己课程的代课教师并填写请假申请单。之后请假人还需要为代课教师留下详细的代课教学计划,包括学生的名册、日常上课的程序、本次教学需要完成的作业等。这些教学计划的完整度也将在很大程度上决定代课教师上课的难易程度。如果某位教师为代课教师留下的教学计划常常都是潦草并且敷衍了事的话,就会在代课教师中产生不好的口碑,增加日后寻找代课教师的难度。

如果遭遇紧急情况,教师则可以通过电话、短信或者邮件联系校长或者校长秘书进行请假,并交由校方处理。不管是提前预约还是紧急状况,通常在教师提出请假后一周内,校长秘书会通知该教师前去校长室签字确认请假事宜。这样的文件会一式三份,一份由学区备份,一份由学校留档,还有一份则会发放给请假教师本人。

除了上面提到的两种情况,教师如果在日常教学中需要离开教学楼外出,也需要按照规定向学校请假。除非有特殊情况,美国公立学校的教师在每天的上班期间,是不能随意进出校门的。如果需要暂时离开学校,教师需要通过电话或者邮件告知前台或者校长秘书,并且在回到学校时,向校方报告自己的返回时间。因此很多教师即使是外出购买午餐,也需要向学校一一报备。有些学校规定,教师请假外出一旦超过两个小时,就会被自动视为请假半天,并且从教师的请假额度中自动扣除。

九、教学外的责任和义务

在完成既定的教学任务的同时,美国公立学校的教师还肩负着一些其他的责任和义务。在本书开头部分曾提到过,根据合同规定,美国公立小学教师每周的工作时间一般在 35 小时左右,但实际上教师们的周工作时间都远远超过了这个数字。曾经有统计表明,美国小学教师的实际平均工作时间为 49.3 个小时,其中 11.2 个小时是非补偿性的,其中有一部分时间是用于教学外义务性工作的。

美国公立小学教师所负担的教学外义务性工作种类很多,其中最重要的一点就是保证学生在校的安全。因为从学生踏入校门的那一刻起,教师就替代家长承担起了保证未成年人身心安全的监护责任。假如学生在校期间发生了因教师或者校方监管疏忽而造成的安全事故,教师或者校方就需要承担相应的法律责任。教师在校的安全责任主要包括应对紧急事件,如大型灾难以及日常教学安全两个方面。当有紧急情况如火灾、地震等灾害发生时,教师们必须按照紧急预案保证学生的人身安全。为了更好地应对各种突发状况,学校也会在日常教学中进行各种演练，这在下一章会有详细的叙述。

至于日常教学中的安全，教师们不仅要对学生进行行为安全教育，还负有及时发现各种潜在安全隐患的责任。教室的布置、教学用品的使用，学生们一些容易引起误伤事故的行为，例如课外活动中一些危险的追逐、攀爬行为等，都需要教师们特别注意。不仅如此，学校教师如果发现或者怀疑学生受到虐待必须向有关机构报告，否则他们自己就可能受到指控。因此美国公立学校的教师如果发现学生有外伤或者反常情绪都会第一时间通知校方，由校方相关负责人进行下一步调查。为了保证教育的公平性，公立学校的教师们还被要求不能以任何原因或借口不公正地对待学生，例如种族、肤色、性别、原国籍、婚姻状况、政治或宗教信仰、家庭状况、社会或文化背景等。同时教师们还不能利用与学生的师生关系谋取私人利益，更不能非法透露有关学生的隐私信息等，很多学区都已经明文禁止教师利用私人社交网络与学生进行交流。

由于办学经费紧缺导致人手不足的缘故，美国公立学校教师需要承担很多与学校运作、管理相关的义务工作已经成为一种不成文的规定。这些常见的教学外工作包括学生午餐时的纪律管理，放学时校车和私家车接送管理，充当学校庆祝活动的义工等。必要的时候，教师们还需要出席当地社区一些有关教育的活动，例如读书会，善款义卖等。在希尔顿黑德岛小学任教的两年里，笔者和同事们都一起承担着这些看似零碎却又极其需要耐心和体力的各种教学外工作。

除了校内的活动，参加学生的课外活动也成为美国中小学教师们常常需要在自己休息时间参与其中的一项固定日程。由于参加课外俱乐部活动已经成为美国学生日常生活中的重要组成部分，尤其是体育类比赛，对于孩子们来说更是意义重大。在校园里，有关自己的社团活动和比赛的话题也一直是小伙伴日常闲谈的热门话题之一。为了更全面地了解班上学生的性格特点，不少美国教师都会在接到学生邀请后，出席学生课外俱乐部比赛或者到才艺表演的现场，为学生加油打气。对于学生来说，教师的到来无疑是最好的激励，而对于教师来说，则是一个了解学生家庭和成长背景的好机会。

十、美国教师的收礼制度

在中国，让不少中小学家长们感到头痛的恐怕要算给老师送礼了，尤其是到了教师节等传统节日，为了表示对教师们的感谢，送什么、怎么送、送或不送，都成为家长们苦恼的问题。那么在美国，学生们是否也给教师送礼呢？如果送，又是怎么样的情景呢？

事实上，美国的家长和学生也会给教师送礼。不过相比而言，这些送礼，并没有在学生间形成让人担忧的“攀比之风”。学生自己喜爱的零食、手写的卡片或者家里自制的糕点都是礼物的“主力军成员”。和国内类似的是，送礼的日子大都会是一些重要的传统节日或者学年结束的时候。一般而言，学期内学生给老师集中送礼的高潮有两个时期，一个是谢师周，另一个就是感恩节到圣诞节期间了。

谢师周类似于中国的教师节，学生们会在持续一周的日子里对教师们表达自己的感谢。由于美国并没有明文规定的教师节，为了表示对教师的感谢，美国各个学区都会在每个学年内安排一个名为“谢师周”的星期。谢师周的日子并不固定，各个学区可以按照自己学区的具体情况而定。按照惯例，在谢师周到来之前，学生们及家长会收到来自家长委员会的一份倡议书，提醒学生们记得感谢为自己成长辛勤付出的教师们。在希尔顿黑德岛小学，这份倡议书就建议学生们在谢师周的每一天都带给教师一个惊喜,可以是自己喜欢的糖果、一份自制的卡片、一句感谢的话语、一个真心的拥抱等。有时家长们也会借这个机会送给教师礼物以感谢教师们对自己孩子的悉心教导。不过由于学区对礼物的价值都有严格的规定,家长们在送礼时也会注意礼物的选择,以免给教师和自己带来不必要的麻烦。作为活动的发起者和组织者,家长委员会也会在这个星期精心安排一些特别的午餐或者甜点来犒劳教师。也有教师对于谢师周表示了自己担忧,认为这样会给学生带来无形的压力,尤其是有些家庭条件不太好的孩子,在看见其他学生给教师带来礼物的时候心情难免会低落。也有不少教师对此调侃说:“比起让孩子们表达谢意,更愿意学生们在上课时消停一会儿”。

除了谢师周,为了给教师们枯燥的教学生活增添乐趣,有时学校还会为教师们设计一些特别的互动活动,比如秘密的匿名圣诞老人,这是笔者所在的学校在圣诞期间为教师们开展的活动。活动开始前,每位教师都会收到邀请,自愿报名参加。参与的教师都会被安排一位匿名的圣诞老人,并同时扮演另一位教师的圣诞老人。圣诞节前夕,这些秘密圣诞老人们会按照要求为指定的教师带去一些惊喜,比如一句打气加油的话、一个温馨的祝福。收到礼物的教师则会去猜测自己的匿名圣诞老人,所有的匿名圣诞老人都会在活动的最后一天揭晓,然后大家相互拥抱送上祝福。也并不是所有的教师都会参与这样的活动,有人认为太浪费时间或者精力,也有人生性不喜欢这种热闹,因此校方也是秉承着自愿参与的原则,只要大家开心就好。

第五节　美国公立学校教师制度及教学工作所感

由于笔者在美国任教的两年里，接触最多的是学校以及学区的同事，因此对美国公立学校教师们的生活感受也最为深刻。平心而论，美国中小学教师的工作确实不是一件轻松的事情，尤其是开头的两三年无疑是最为艰难的。这时的教师不但要应付教师考评，还需要通过教学在家长中树立良好的风评。不过一旦顺利度过新教师考评，教师们也就基本上远离了失业的危险。但是很多美国业内人士却认为，美国中小学教师的生存状况并不让人满意。

就笔者了解的情况而言，虽然对工作的满意度有着个体的差异，但毫无疑问的是，工作量大、收入少、地位低的现状已经遭到美国公立学校教师的普遍抱怨。

“工作量大”是笔者在希尔顿黑德岛小学任教第一年时的切身体会。由于美国公立小学的班主任教师都是全科教师，从英语到数学，从社会科学到自然科学，单备课这一项就足够折腾新教师了，更不要说各种新教师培训作业和报告了。虽然作为志愿者教师的我还被特赦免去了参加学期中新教师学习班并且定时完成学习报告的重任，但作为第一次接触美国全科教学任务的教师，笔者在 2012 – 2013 学年的每一个夜晚几乎都是在加班中度过的。

除了准备第二天上课的教案和课件，新教师们还必须尽快熟悉各种教学大纲和学习标准。为了不让自己在新学期里手忙脚乱，很多新教师在正式开学前的暑假里就会开始学习各种相关资料并做好备课的准备。即便如此，绝大多数新教师还是免不了日常的例行加班。

其实不仅仅是新教师，很多资深的老教师也经常在每天放学后和周末加班，以保证自己的教学能够按照要求顺利进行。尤其是进入新的知识单元学习时，为了及时更换教室主题并布置教室外墙，几乎所有的班主任教师都会工作到很晚才回家。在希尔顿黑德岛小学的两年，笔者就没有见过不加班的班主任教师。

当然，加班的另一个原因是很多美国人都不喜欢把工作带回家，在他们看来，回到家以后的时间是属于自己与家人的私人时光。不过这样坚持的代价就是放学后以及周末待在学校的各种加班。

“收入少”是美国公立学校教师面临的另一个问题。这影响着美国公立学校教师的生存状况，也逐渐成为制约美国基础教育发展的主要障碍之一。国内一些媒体在评价美国中小学教师的收入时只引用了简单的数字，在一定程度上让不少国人误以为美国中小学教师是一项收入不错的职业。事实上，报道中所提到的美国中小学教师三四万美元或者五六万美元的收入，仅仅处于当地收入的平均水平。曾经有人指出，从事中小学教师工作的收入要远远低于许多从事其他行业同等学力的毕业生的工作，这也导致了不少人最终放弃了教师这一职业。很多坚持在教育岗位的年轻教师为了补贴家用则不得不在课后进行兼职。笔者所在小学一年级教学组里就有两位教师利用晚上和周末的时间，在饭店帮厨以及在酒吧做招待。作为教师却在餐馆或者酒吧打工，这在中国或许算得上是件让人不可想象的事情，但在美国却成为了一种普遍的现象。以现阶段美国公立学校教师的收入来说，很难在支付各项日常开支以后还能够保有盈余。因此，为了让自己退休后的生活有所保障，很多教师都选择延迟退休以便能取得高额的退休金。与笔者身处同一教学项目的一位当地美国教师就曾不止一次地提到说，如果不是因为退休金的缘故，她早就想退休了。

不过更让美国当局头疼的是，不少年轻教师在工作三至五年后，迫于经济压力以及事业前途等原因纷纷转行。笔者在希尔顿黑德岛小学任教的第一学年期末,就有六位教师因为各种原因最终选择离开教学岗位。这些离开的教师大多数都是三十岁左右的年轻教师,虽说工作变动对于美国人尤其是年轻人来说已经是稀松平常的事了,但是对于学校来说却并不是一件值得高兴的事情。教师的频繁离岗对于校方维持学校的正常教学组织和保证学校教学的连贯性提出了更为苛刻的要求。面对因收入偏低造成的中小学教师的流失问题,也为了吸引更多高质量的教育人才,更好地促进美国基础教育改革,美国政府也提出了提高教师待遇的相应措施,但是却收效甚微,甚至在某种程度上更加深了学区间教师的贫富分化。这一方面是由于美国公立学校教师的收入很大程度是依赖于当地的财产税收,也就是说取决于本地经济的贫富状况。因此很多人认为美国政府所谓的提高教师待遇实质上是让穷的地方更穷,而富的地区更富。

除了工作多、收入少、地位低下,不受尊敬也是导致美国中小学教师流失的重要原因之一。在现今的中国,虽然教师也因极易被推到舆论的风口浪尖而承受着巨大的压力,但是尊师重教的传统,还是会让人们在提到教师二字时,多少表示出尊敬之情。然而这种尊敬在美国荡然无存。很多时候,相比于因经济收入导致的社会地位低下,让美国公立学校教师们更加愤愤不平的是自己的工作和人格都得不到应有的尊重。尤其是近年来,在美国校园里针对教师的各种暴力行为层出不穷。有人甚至将中小学教师的工作戏称为“高危行业”。虽然这是带有戏谑的玩笑话,但却从侧面反映了美国教师工作的不易。针对教师的暴力事件一旦发生,法院出于对未成年人的保护而各打五十大板的判决,常常让教师们大失所望。出于人身安全的考虑,很多公立学校教师在课堂管理中也只能对学生的行为睁一只眼闭一只眼,甚至任其放任自流。不过很多时候让教师们灰心的是这种不尊重不仅仅来自自己所教的学生,还包括学生家长以及社会舆论。尤其一些家长因为学生的只言片语或者仅凭一次考试成绩就会对教师们横加指责,在各种社交场合当面呵斥教师教导不力。这时候教师们就会因这些"根本不懂教育"的人对自己的教学指手画脚而感到非常恼火。

虽然公立学校的教师们对自己的处境非常不满,但是另一方面,也有不少人指出教师队伍自身素质不高也是现在美国基础教育面临的最大问题之一。很多人认为美国中小学教育质量下滑在很大程度上归因于教师队伍建设的不足,并对美国现行的教师聘用制度表示强烈的不满。这些人认为,现行教师聘用制度相当于为教师提供了终身职业保障,一位教师只要通过了 2－3 年的考察期就基本上端上了"铁饭碗"。虽然各个学校和学区也会定期对每位教师的教学情况进行评估,但却很少有教师因为教学评估结果不合格而失去工作。再加之美国教师工会的强大,辞退教师很可能会让学区和学校陷入官司之中,所以除非生源减少导致教师需求量下降,学区和学校很少会主动辞退教师。即使生源数量减少,学区和学校在裁减人员时的凭据也只能是教师的从业年限,因此一些教龄长但是教学质量欠佳的教师仍然不会面临失业危机。这些对现行聘用机制持反对意见的人士指出,缺乏竞争力的机制导致了美国中小学教师队伍活力欠缺,长此以往将导致美国基础教育质量下滑,并使美国教育深陷"信任危机"。

笔者任期内也听到不少家长和教育界相关人士对本学区教师质量良莠不齐的担忧。其中,首当其冲的便是对于教师队伍老龄化的不满。很多美国家长并不认为长期待在同一所学校同一年级的教师是有经验的好老师,相反,他们直言不讳地指出这样的教师大多观念陈旧,跟不上时代前进的步伐。在部分家长眼里,教师的年纪还会成为与孩子进行有效沟通的障碍,年龄间的鸿沟会阻碍师生关系的和谐发展并最终影响学生的学习效果。老教师的经验在很多美国人眼里更多地意味着“过时”与“陈旧”,与笔者同学区的一位负责特殊语言教学项目的教师也持有类似的观点,她认为老教师的经验是双刃剑,既会让他们在教学中得心应手,但也可能会让老教师们变得故步自封。

第二章　学校篇

本书的第一章主要介绍了美国公立学校教师的情况，第二章则会围绕美国公立学校的日常运作和教学管理情况展开。在本章，笔者将从美国公立学校的概况、学校安全制度、教育理念、办学经费以及家长参与五个方面结合自己在美国的经历进行详细的介绍。

第一节　美国公立学校概况

既然说到美国公立学校，就不能不提美国的学区和校董会。美国公立学校的办学经费主要来自联邦政府、州政府以及地方政府的财政拨款，学校的运营自然也就必须接受各级政府的监管，因此美国的教育管理体制自上而下分为联邦、州和学区三个等级。由于美国联邦政府并没有对各个公立学校进行直接管辖，而是把管理权交给了各州。各州又将各个公立学校的具体管理权限交给了相关的地方学区，由地方学区对当地的公立中小学进行直接管理。因此，在美国形成了以学区为主导的地方公立学校管理体制，学区也就成为实际上对公立学校进行直接经营和管理的地方性机构，受本州政府的领导并执行本州的教育政策。

在美国学区内部，对学区的各项事务进行统筹规划的是居于学区管理体制之首的校董会(school board)。校董会是一个非营利性质的公共机构，作为对学区事务负责的最高部门，校董会的主要职能是根据相关法律制定、实施适合当地的教育政策，并监督学区和学校的日常运行。在美国，每个学区都会设有一个学区校董会，其成员是由社区内全体选民选举出来的，从理论上说任何有选举权的该区合法居民都可以申请成为校董会成员的候选人。当选后的校董会成员需要定期就学区、学校的各种事务召开会议，解决学区面临的各种问题以及任命学校校长等。不过这些校董会成员并不会因此获得额外的薪水，一些学区会每个月提供给校董会成员几百美金作为津贴，另一些学区则干脆没有任何补贴。一般而言，学区的主要工作除了对辖区范围内的公立学校实施监督职责以外，还会负责研究学校课程的设置、学区教学的组织与管理以及与外界的沟通和交流等。

在初步了解了美国的学区制度以后，我们再一起来看看美国的公立学校。和中国现行教育制度一样，美国在基础教育阶段也实行义务教育制度。家中的孩子如果到了上学年龄，美国的家长们便会收到来自居住地学区或者当地政府的入学通知。这时候家长就需要开始考虑如何为孩子选择最适合的学校。一般而言，美国学区都实行就近入学制，因此家长可以在居住地学区范围内选择心仪且适合自己孩子就读的学校。这时家长首先要决定的就是让孩子上私立学校还是公立学校。

虽然私立学校大多以教学质量好著称，但是诸多缘由让不少美国家长望而却步。由于大多数私立学校都是自筹办学经费，在财政上并不受当地学区以及州政府政策的限制，因而在教学中也具有更大的自主权,可以自行编制教学大纲并进行课程设置,同时对于入学的学生也可能有着一些特别的要求,诸如性别、宗教、种族等。此外,很多美国私立学校每年对就读学生所收取的学费甚至与某些名牌大学相当,也将不少家庭挡在了校门之外。

与私立学校不同的是,美国的公立学校不仅不会向学生征收额外的学费,也没有各种限制学生入学的门槛。通常来说,在美国公立学校就读的学生只需具备居住证明、出生证明以及防疫证明即可申请入学。正因为如此,公立学校成了美国绝大多数家庭的选择。根据维基百科有关数据显示,目前有 87% 的美国学龄儿童选择就读公立学校,10% 选择私立学校,还有 3% 的家庭选择了家庭学校,也就是让孩子在家中接受教育。

如果对美国公立学校进一步划分,又可以分为普通公立学校(Public School)、磁石学校(Magnet School)和特许学校(Charter School),其中普通公立学校是美国公立小学最主要的类型,也是本书将要展开研究的对象。

虽说美国的公立小学对于接收学生没有私立学校那样的繁文缛节,但是对学生的入学年龄却有着严格的要求。正常情况下美国公立小学对于没有达到学区规定入学年龄的学生是不予接收的。

一般来说,不同学区的美国公立小学对新生的入学年龄要求各不相同,从 5 岁到 7 岁不等,其中以 6 岁最为常见。如果孩子的生日晚于学区规定的日期,那么就需要等到下一年再入学。以笔者所在的博福特学区的要求为例,在该学区所辖范围里进行一年级注册的新生,必须在当年 9 月 1 日前年满 6 周岁;对于生日晚于 9 月 1 日的儿童则需要在次年进行入学注册。

对于具备美国公民条件的家庭来说,为学生进行注册时,家长只需要按学区要求,出具孩子的出生证明、防疫证明以及本学区范围内的居住证明即可。如果是非美国公民,家长可能还需要提供相关签证、合法居留证明以及孩子之前所接受的教育相关证明等。

在进行正式注册前,学区一般会特别安排学生家长对学区内的学校进行参观,以便家长选择适合自己孩子的学校进行注册。

学校的教育质量无疑是家长们作出最终决定的重要因素。笔者曾在上文中提到,由于地区间的发展和人文历史差异,美国不同地区间公立小学的教育质量相差非常大。事实上,即使处于同一学区,各个公立小学的教学质量和生源质量也是参差不齐。为了保证自己的孩子在同等条件下接受最佳的教育,家长们在孩子入学前都会对所处学区的学校进行实地考察。这时,拥有良好风评和办学条件的学校自然会成为家长们择校的首选,例如一些蓝带学校(Blue Ribbon Schools)。所谓的蓝带学校,是美国教育部为了激励公立学校提高办学质量,每年都会对教学质量优异,或者在缩小学生成绩差上取得显著成效的学校进行评奖,并授予其蓝带学校的名号。拥有蓝带头衔的学校当然会吸引家长们的眼球,非蓝带头衔的公立小学则会通过申请参与各种特别的教学项目来抓住家长的目光。例如笔者所在的希尔顿黑德岛小学虽然不是蓝带学校,但是却是学区内的唯一一所拥有 IB 教学项目的小学。不仅如此,希尔顿黑德岛小学同时还提供西班牙语和中文的沉浸式语言(immersion)教学课程。这些都是该小学在每年招生时校长会向来访的家长们重点推荐的项目。这些额外教学项目的设立,一方面可以为学校争取到更多的办学资金,另一方面也可以在招生中形成自己的优势,吸引更多的注册新生,而这些新生又可以为学校带来更多的政府拨款,可谓一举多得。

美国公立学校的课程设置和教材选用,一般需要根据当地学区和该州的学习标准及要求来进行。目前多数州的大部分学区所采用的课程设置都是由共同核心课程标准(Common Core)所规定的。所谓共同核心课程标准是由美国联邦政府制定的统一学习标准,它按年级为美国 K－12 的基础教育制定了有关读写和数学能力的培养标准,目的是为学生日后进入高校和就职做好必要的知识及技能准备。

现行的共同核心课程标准是从 2009 年开始试运行的,2014 年至 2015 年开始正式施行。截至 2015 年 8 月,美国本土共有 42 个州以及华盛顿特区采用了共同核心课程标准。之前已经提到,共同核心课程标准主要是按年级对美国 K－12 学生的读写和数学能力提出相应的要求,换言之,也就是每个年级的学生在该学期期末需要达到的知识技能标准。共同核心课程标准对各年级的要求都包含了三个层次,分别是领域(domain)、标准(standard)和子集(cluster)。这里的“领域”就是知识所涉及的相关方面,每一个领域都有至少一个“标准”与之对应,而“子集”则是针对标准作出的更为详尽的说明。以图 2.1 为例,第一行标注的“Number and Operations in Base Ten”(十进制的数与计算)就是学生需达标的领域,第二三行标注的“Use Place…arithmetic”(利用运算性质和对数位的理解进行多位数的计算)则是有关该领域的标准,而之下的子集则是对标准的进一步解释。

作为贯通基础教育全程的标准,共同核心课程标准力图将各年级的教学组织成有机联系的统一体。使用核心课程标准的学区只需参照各年级的要求进行教学组织即可。为了让大家有更为直观的了解,笔者特意节选了共同核心课程标准对小学(5 年制)各年级数学的标准并进行了翻译,详见表 2.1。

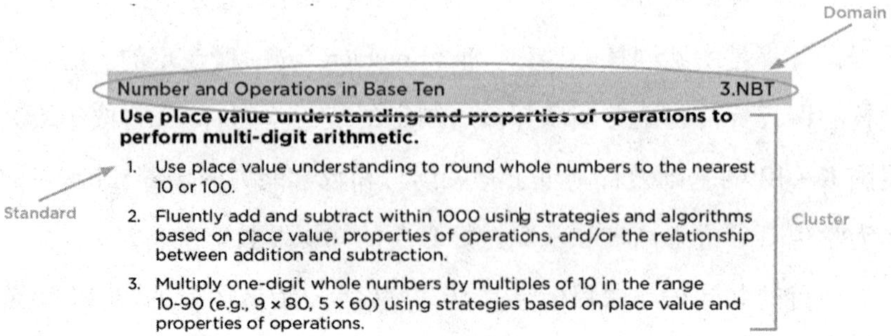

图 2.1 美国共同核心课程标准之标准构成示意图

(Common Core State Standards for Mathematics, Common Core State Standards Initiatives, 2016)

表 2.1 Common Core State Standards for Mathematics(笔者自译)

年级标准 / 领域	一年级	二年级	三年级	四年级	五年级
运算和代数思维	利用加减法描述和解决问题; 理解和应用加减法的性质和关系; 做 20 以内的加减法; 运用加减等式。	利用加减法描述和解决问题; 做 20 以内的加减法; 运用加减等式; 通过同样数字组合获得关于乘法的基础。	利用乘除法描述和解决问题; 理解乘法性质以及乘除法的关系; 做 100 以内的乘除法; 进行四则运算。	解决整数的四则运算; 熟悉因子和乘法; 生成和分析已知的模式。	理解并书写数值表达式; 分析形式和关系。
十进制数字和运算	进行扩展数数; 理解进位制; 使用进位制性质进行加减法。	理解进位制; 使用进位制性质进行加减法。	使用进位制进行多位数运算。	归纳多位数进位制的规律; 使用进位制进行多位数运算。	理解进位制系统; 进行整数和百分数的运算。

续表

年级标准／领域	一年级	二年级	三年级	四年级	五年级
分数			理解分数。	扩展关于分数等分的理解； 能够对整数进行分数分解； 理解十进分数记法。	利用等分进行加减分数； 扩展进行分数的乘除法。
测量和数据	能进行测量长度并重复长度单位； 读写时间； 描述和理解数据。	能测量并估算标准单位的长度； 关联加减法和长度； 能计算时间和货币； 描述和理解数据。	能解决涉及时间、液体容积以及大量物体的测量； 理解数据； 几何测量：理解空间以及空间与乘法和加法的关系。	能够进行大小单位的转换； 描述和理解数据； 几何测量：理解角的概念和角的测量。	在已知测量单位系统内进行单位转换； 描述和理解数据； 几何测量：理解体积并且将体积与加法及乘法关联。
几何	理解形状及它们的性质：分辨形状的性质和非性质属性并能画出； 能组合二维或三维形状； 对圆和长方形进行二等分或四等分。	理解形状及它们的性质：识别三角形、四边形、五边形、六边形以及立方体； 能对长方形进行等分并知道等分的总数； 能对圆形和张方形进行二、三、四等分并用相应词汇进行描述。	理解形状及它们的性质：理解形状的小类和大类，如菱形、长方形和正方形； 能够用分数对形状的等分部分进行描述。	能够区分并画出直线、角并且按照形状的线段和角度对形状分类。	用坐标平面绘制来解决真实数学问题； 根据二维图形的性质对其进行分类。

(Common Core State Standards for Mathematics, Common Core State Standards Initiatives, 2016)

如果学区所在的州没有加入共同核心课程标准，则需要按照本州的学习标准和教学大纲进行教学。通常该州和地区由州教育委员会根据本州的具体情况制定该州的学习标准和教学大纲，并要求其辖区内相关学区和学校在本州内贯彻执行。例如目前的南卡罗莱纳州并没有加入共同核心课程标准，因此隶属于南卡罗莱纳州的各个学区以及其下属的各个公立学校在组织日常教学时，必须遵循南卡罗莱纳州州立大学与就业学习目标标准（South Carolina College - and Career - Ready Standards，简称“SCCCR”）进行。

最后再来看看美国基础教育公立学校的学制。我们知道，美国基础阶段的教育又被称为 K - 12 教育，也就是说，孩子在完成学前班学习之后，还需要完成 12 年的义务教育学习。按照相关规定，美国公立小学的学制可以分为 4 年制、5 年制、6 年制和 8 年制。就目前而言，6 年制小学似乎是最为流行的，而笔者所在的希尔顿黑德岛小学是一所 5 年制小学。看到这里，或许有人会提出疑问，不同年限的小学是否会对学生之后的学习造成影响呢？其实不然。由于统一规定的美国基础教育为 12 年时间，因此各个学区会根据本学区小学学制对初中和高中的学制做出相应的调整，延长或缩短某一阶段的学习时间。

那么美国的公立小学究竟是什么样的呢？不少中国教师初到美国小学时，会对学校的规模感到意外。与中国的一些学校相比，美国大多公立小学校园所占面积算不上大，有的甚至可以用“迷你”来形容。美国公立小学大都只是一栋平层建筑，想要把一所小学从头到尾逛一遍也只需不过十分钟的时间。学校所有的教室和办公部门都设置在同一建筑物内，一条四通八达的长廊将学校的教学区、行政区和后勤区连接起来。通常，美国的公立小学还会有供学生们户外活动的操场和供职工停车的专用停车场，可谓“麻雀虽小，五脏俱全”。

学校建筑屋内的布局也是秩序井然:不同年级的教室都被分隔在了不同区域,礼堂、室内体育馆、图书室、电脑室、戏剧表演室、餐厅、医护室有序地穿插其中。因此美国公立小学建筑面积虽然看起来不大,但是对于不熟悉学校布局的人来说却很容易迷路,很多第一次到学校的人常常被弄得晕头转向。作为被当地人称为“很大的学校”的希尔顿黑德岛小学,由于室内还被分为好几个区域,则更是让初来乍到的人找不到方向。笔者在校内也曾碰见过不少拿着学校地图到处询问教室在何处的代课教师。

对于中国教师来说,密不透风的教学环境也是一个令人头疼的问题。美国小学教室大都装有常年开放的空调,因此几乎所有的学校到了上课时间都是门窗紧闭。其实不仅仅是中国教师,很多美国教师也常常抱怨室内空气不流通让自己和学生感到大脑缺氧,很多人甚至认为这样的设计是导致美国小学每年成为流感重灾区的原因之一。

不过美国小学紧闭门窗其实还有另一个原因,那就是为了保护学生的安全。当家长将自己的孩子送到学校以后,学生的在校安全无疑就成了监护人最为关心的问题。近年来中国国内学生在校安全事故频发的问题,也让家长们十分担忧,并且引起了社会各界的广泛关注。不少国内学校设施的安全隐患、应对突发事件的措施以及对学生的安全教育都成为家长和媒体的质疑之处。在美国,学生的在校安全是每一所美国学校的头等大事:各个学区不仅制定了很多详细措施以确保将学校的安全事故发生率降到最低,而且也将学生在校安全保障作为对学校年度考核的重要指标之一。下面就让我们一起来看看美国的公立学校是怎样通过各种措施来保证学生在校安全的吧。

第二节 美国公立学校的校园安全

为了减少各种校园暴力、突发灾害以及意外事故给在校学生带来的身心伤害,切实保证学生的在校安全,美国各级政府制定了一系列旨在保证校园安全的法律法规,强制要求各方在实际操作中采取保证学校安全的有效措施。除了联邦政府定期给予每个学区用于校园安全维护和培训的资金和技术支持以外,社会各相关职能部门和专业组织也为学校安全的建设提供帮助和支持。虽然各个学区在安全管理的细节上有所差异,但对于校园安全都是格外重视。笔者在美国的两年时间里,也亲自体验了这种在法律严格规定下执行的各种校园安全体系。在下面的章节,笔者将从学校的基本安全措施、常规安全训练、校车安全、食品药物安全以及在校教师的安全培训几个方面结合自己的经历,对美国公立学校的常见安全措施展开论述。

一、基本安全措施

说到美国学校的基本安全措施,首先要提到的便是门禁制度。为了保障学生的安全,美国大多数小学设有门禁制度。所谓门禁制度,就是学校大门只在规定时间内对获得授权的人开放。授权来自学区,通常学区将授权信息设置在分发给教师的门禁卡里。每张卡的权限都受到严格的控制,与拥有该卡职员的工作岗位直接相关。一般来说,教师们的门禁卡只拥有在本学校进出的权限。一旦职员位置发生变更,门禁卡就会被收回,或者由学区直接取消该职员门禁卡的权限。

由于门禁制度的存在,除了早上学生上学和下午学生放学的时间段,美国公立学校的大门都是保持紧闭的。外来人员想要进入美国小学参观或者办事,必须通过一系列身份认证以及手续登记。例如,在希尔顿黑德岛小学,来访者会被要求从特别通道到达学校接待访客的前台,在那里登记自己的有效身份证件以及来校缘由。如果是和校方或者教师有预约,前台工作人员则会直接与教师取得联系,得到肯定的答复后,来访者会被要求出示有效身份证件进行电脑联网登记,然后佩戴打印的临时名牌进入学校。

由于学校的大门可以从内部直接打开,为了防止学生在无意中给陌生人打开校门,学校相关人员会定期为学生上安全辅导课,强调不可以随便给外来人员开门以及由此可能造成的危害,以增强学生的安全意识。希尔顿黑德岛小学的校长和教师就再三提醒学生,不管是谁的要求都不要轻易给校外的人打开校门。如果遇到有人请求,可以让门外的人联系前台或者告知教师。为了强化学生的记忆,教师们有时会有意站在校门外对学生进行随机测试。测试的结果会在学校例会上告知教师,目的是通过反复测试来增强学生们的安全意识和自我保护意识。

学区对所属学校校园的开闭门时间也有着严格的控制,因此,即使是拥有门禁卡的学校教师和职员,也会在进出学校时受到时间方面的限制。一旦过了指定时间,门禁卡的权限就会失效并触发自动报警装置。例如,博福特学区曾规定,每周周一到周五,在校教师不得晚于晚上 7 点半离校;周六和周日需要到校加班的教师也必须根据学区规定的时间进出学校,并且需要在指定的地方签名。由于学校大门的安全设置是和当地的警局直接连线的,如果没有在规定的时间刷卡就会触发自动报警装置,当地的警局会立即派遣警察前往查看。为了避免招来警察和不必要的麻烦,加班的教师们需要时常提醒自己注意对时间的控制,或者设定提醒闹铃。即使是这样,每个学校也还是难免会发生由于教师忘我工作而引发系统安全报警的事故。与笔者同校的一位教师曾在午餐时与其他教师一起分享了她周末加班的遭遇。这位教师因为忘记学区新调整的时间,刷卡进门时引发了警报,还招来了警察。她只能举着自己的门禁卡对前来的警察解释自己是本校的教师。讲述时这位教师还不忘记拿自己开涮,笑着说当时自己紧张得一直大喊:“我是教师! 我是教师!”虽然这听起来只是茶余饭后的一则逸闻,却也反映出了美国学校对于安全措施的重视程度。

门禁制度不仅仅是为了控制出入学校的人员,有时还能起到将学校与外界隔离的作用。如果遇到突发的重大安全事故,例如,如果在学校临近区域发生恐怖事件或者突发灾害性天气,学校就会封锁校门,保证校内学生的安全。

虽说美国公立学校小学的学生在校时大多时间都待在室内,但也有一些需要外出学习的体验活动。为了避免由于外出教学活动而引起的任何不必要的法律纠纷,美国公立学校小学还有一个普遍的安全措施,就是获得家长同意的安全授权书。一旦学生需要参与任何外出集体活动,学校会提前与家长签订安全授权书。这些授权书会把该次活动的细节详细地告知家长,包括活动地点、时间以及流程安排等。在限定期限内授权书没有返回,则视为家长不同意学生参加此次活动。活动当天该名学生就只能待在学校由其他教师照看。由于这些全年级集体活动往往与教学内容相关,所以教师们还是会在活动前与家长取得联系确认是否同意让学生参加活动。

不过即使取得了授权书也不意味着学生一定能如愿参加外出活动。美国相关法律对于学校外出活动时监护人的数量也有着明文规定。因此每次发放授权书的同时,教师们也会在授权书上邀请热心家长作为监护人同游。如果外出活动时某个班监护人的数量达不到要求,该班此次外出教学活动就只能取消。

为了保障活动顺利进行,学校和年级教师会尽力想办法帮助缺少监护人的班级募集志愿者,比如发动没有教学任务的教师或者调用其他班的热心家长来确保集体活动的顺利进行。监护人的募集既是为了保证学生们的人身安全,也是为了在处理突发事故时能有足够的人手。

生性活泼的孩子们在日常校园活动中难免会发生磕碰擦伤的情况,因此美国学校大多设有医务室以及专业的医护人员,以便处理学生们突发的伤病。有时小小的医务室里挤满了各种伤病号,除了生病的学生,在学校意外受伤的学生也会被送到这里,不少小孩为了逃避上课或者提早回家也会常常称病躲到医务室。也正因为如此,医护人员们常常忙得顾不上吃饭。通常情况下,校医会为前来就诊的学生做一些简单的诊断和治疗,如果学生的情况比较严重,可能就需要通知家长,让学生提前回家。只要学生接受了医护治疗,班主任教师就需要联系并告知家长他们的孩子今天因为何种情况接受了何种治疗。

随着电子技术的发展,不少有条件的学校也在校内各个角落安置了摄像头,以便随时监控校园内的人员动向。一旦出现可疑人员或者发生意外事故,都可以在第一时间采取相关的措施将潜在的威胁降到最低。

二、常规安全训练及恶性事件处理

美国公立学校非常注重在日常教学中培养学生的安全防范意识以及突发事件的应对能力,安全训练正好满足了学校的这一要求。常规安全训练是每一位美国公立学校教师和学生的必修功课。各种假定突发状况的安全行为演习穿插在美国公立学校小学各个学期里,其中最为频繁和普遍的要算火灾预警演习了。

为了培养学生应对突发事件的能力,美国公立学校小学的火灾预警演习并不会提前告知学生。一旦火警声响起,学生就需要在任课教师的指挥下迅速有序地撤离教室。与此同时,任课教师则需要在学生离开后关灯锁门,并携带放置在教室的急救包和相关工具,紧跟在学生队伍后面离开。

演练时学校走廊和大门都会有志愿者教师维持秩序,学生只需遵循教师的指挥离开教学楼来到户外指定的安全区域即可。当确认所有的学生都已安全撤离到指定区域后,校方会宣布警报解除,教师再带领各自的学生有序回到教室继续上课。

笔者第一次参加这样的火灾训练时心里还有点忐忑不安,一来既担心自己刚来因为业务不熟悉拖了班级的后腿,二来也担心学生们在撤离时发生任何意外。因此,在早上 9 点收到校长发出的火警训练通知后,笔者就一直有些坐立不安。一会儿看看时钟心里默默念叨着演练的程序,一会儿又想要不要让学生们先拿上外套以防万一。事实证明笔者对于孩子们的担心有些多余,美国的孩子从学前班就开始参与这样的火警演习,一学期会反复进行好几次,因此也早就习以为常了。

有时频繁的演习还会让学生们呈现不耐烦的情绪,嬉笑打闹的现象也时有发生。一旦学生出现这样的行为,美国的教师们大都会在第一时间进行制止并且进行严肃的批评,让学生们认识到每一次训练都是为了挽救更多的生命。

在常规火警训练的同时,有条件的学校还会邀请当地的消防员来学校给学生们做实践教学讲演。当消防员们开着自己的消防车来到学校时,学生们自然是兴奋不已。这时消防员会让学生们一一参观消防车的内部设施并进行讲解,同时还会告知火灾发生时的一些自我保护措施,最后还会发给学生们一些小奖品,鼓励他们多多学习消防知识,多向家人宣讲消防知识。

当然,美国公立小学的常规安全训练远不止于此。为了以防万一,学校还会定期开展针对各种自然灾害和恐怖袭击的演练。这些演练的目的也都是为了提升学生面对突发事件时的自我保护能力。相对于火警预演,这些训练持续的时间或许会更长,对学生提出的要求也更为严格。比如在预防海啸的训练中,学生们会被要求列队到教室外,背靠教室外墙,双手抱头同时整个身子尽量蜷曲。一些孩子会在被要求身子蜷曲时因为感到不舒服而发出嘟哝的抱怨声或者呻吟声。为了达到逼真的训练效果,孩子们需要保持同一个姿势好几分钟甚至十几分钟,这对于很多低年级的孩子来说并不是一件容易的事情。中途总会有因为觉得无趣或者不舒服而改变姿势的孩子,教师看到这种情况会立即予以制止、说服,并通过安慰来缓和学生的情绪,鼓励学生坚持到演练正式结束的时刻。相对于海啸训练,预防地震的模拟演练就要轻松一些,孩子们只需原地抱头蹲伏在自己的课桌椅下等待报警结束即可。至于反恐训练,大多学校会要求教师在收到报警后立即紧闭门窗,拉上窗帘并关闭电灯。有储藏室的教室可以让学生躲入储藏室内,没有储藏室的教室尽量让学生找到有掩体的地方躲藏起来。

无论是哪种常规训练,每次训练结束之后,教师都会对学生们的表现给予鼓励和赞扬。有时校长或者副校长还会亲自去各个教室,对完成艰苦演习的学生进行慰问。这样的常规训练体制也让笔者更加深刻地理解了为什么当突发灾难来临时,美国人并不会因为出于害怕的本能而仓皇失措。这些自幼开始的安全常规训练,让不少美国人养成了条件反射般的行为习惯，即使发生了真正的火灾事故，大都能采取安全有效的措施，在事故发生时能有序地应对，踩踏事故更是鲜有发生。

除了常规安全训练，学区还备有应对突发恶性事件的一系列紧急预案。一旦学区所在地遇到包括枪击、抢劫等恶性事件在内的突发安全事件时，学区会在第一时间通知校长，并将处理意见以电子邮件的形式传达给各位教师，这其中包括如何应对家长以及学生的询问。有时这些邮件还会特别注明，要求教师对邮件内容保密并按紧急预案做好准备，防止因消息扩散而造成的不必要的恐慌情绪。

如果在非行课时期，当地发生了具有负面影响的社会事件或是有学生涉及其中的极端恶性事件，学区和校方也会特别提醒教师注意学生返校后的情绪。通常来说，学区会要求教师尽量防止学生在校内谈论有关事件，以免造成受牵连学生的二次情感伤害或引起学生的消极情绪。笔者在希尔顿黑德岛任教第一年的一个周末，学校所在社区发生了一起恶性枪杀事件，造成了两名希尔顿黑德岛小学在读学生不幸遇难。由于事件发生在周末，校长在得知消息后给所有的教职员工发了相关事件处理意见的邮件，并决定让全校教师在周一正式上课前为遇害者举行默哀仪式。周一早上 8 点，学校礼堂举行了默哀纪念仪式，校长亲自宣读了悼词，并且号召大家参加为遇害家庭举办的慈善捐赠会。默哀仪式过后，校长也向各位教师尤其是班主任强调，一定注意学生的情绪和言论，防止负面话题和不良情绪在校内传播开来。

三、校车以及放学安全管理

校车在美国学校教育中占有重要的位置。即使在私家车几乎已经成为美国家庭基本配置的今天,不少家长仍然会选择校车作为学生上学和放学的主要出行方式。这一方面是由于家长工作抽不开身,另一方面是出于安全的考虑。要知道,美国的校车不仅是街道上少数享有特权的车辆之一,而且校车自身的设计也有着高安全系数的保障。为了保证学生路途中的安全,美国校车外部车身材质坚固,车内座椅也都配有安全带以及防撞设施。现在的美国校车车内还安装有全天候的监控系统,随时掌握车内情况以应对各种突发事件。

为了便于家长为自己的孩子选取最佳线路的校车,学区会在每学期开学前将每辆校车的行车路线刊登在学区网站上,以供家长选取线路时进行参考。开学时,家长只需将选择的校车线路报备学校以及班主任教师即可。如果校车线路临时改变,学区和校方也会告知家长,并且建议改乘其他临近路线的校车。

每天早晨,校车会按时到达每个指定地点接学生,家长只需按时将学生送至指定地点即可。到了放学的时候,校车会在学校的指定区域统一等待学生到来。这时需要乘坐校车的学生会在班主任教师的带领下排队乘车。从某种意义上讲,这段时间对于班主任教师来说,就如同黎明前的黑暗。孩子们兴高采烈地准备回家,教师们此时却是不敢有一丝懈怠。

当每天下午听到广播里传来放学的通知时,孩子们都会迫不及待地想要冲出教室。但是出于安全的考虑,学校并不允许学生们自由离校。按照规定,他们需要等待教师的安排。

每所小学都会有自己具体的接送规则。以希尔顿黑德岛小学为例,学生在放学时大致会被分为三组:乘坐私家车的、乘坐校车的或者参加课后学习俱乐部的。负责联系私家车接送的志愿者教师会到各班将乘坐私家车的学生领到指定区域等待自己监护人的到来。这些乘坐私家车的学生书包上会挂有一个提示牌,与车辆上的牌子相对应,负责的教师只需按颜色和数字通知学生上车即可。偶尔家长临时有事晚到,教师会一直陪伴着学生直到家长到来。如果需要参加课后学习俱乐部,这些学生则会按俱乐部排队,然后再由负责俱乐部接送的教师带领离开。最后剩下乘坐校车的学生,则由班主任负责带到校车指定区域等待上车。

在这三组学生中,校车的接送显得更加复杂一些。班主任教师不仅需要把学生送上正确路线的校车,如果遇到校车迟到的情况,班主任教师还需要陪着学生直到校车到来。学生错过校车或者上错校车是教师和学校最不愿意遇到的事情之一。一旦发生了这样的情况,校方只能马上和家长联系以确保学生能安全回家。两年的校车接送经历也让笔者经历了各种放学途中的插曲,在学生登上校车之前,你永远预料不到在下一秒会有什么样的突发状况。例如,排队等校车的孩子撞上路边的柱子需要去医务室,有的忘了东西要回教室去取,还有突然肚子痛想要上厕所的……这些看起来鸡毛蒜皮的事情都能让教师们如热锅上的蚂蚁,却又不得不尽力在校车离开前满足学生的要求。如果校车来晚了,这个时候往往低年级的学生会有些不安,班主任教师们为了安抚情绪不佳的学生就会聊聊开心的事情来分散孩子们的注意力。等到所有的学生都上了校车,教师们才能长舒一口气,迎接真正属于自己的下班时刻。

四、食品和药物安全

食品和药物安全也是美国学校安全事务方面的重点之一。美国有很多孩子对一些特定食品有着不同程度的过敏,其中以对花生过敏最为常见,严重过敏者甚至可能因为接触或者误食而丧命。正因如此,美国的小孩从小就接受相应的食品安全教育,对自己过敏的食物也非常清楚,一般情况下孩子们都不会在学校分享自己的午餐或其他食物。

为了保证学生在校期间不会因为接触过敏源而导致过敏,每学期开学时,家长都会在填写家长联系表时明确标注学生是否有食物过敏史、对何种食物过敏等信息。教师们在收到联系表后会仔细审核学生的过敏情况,如果本班有严重食物过敏史的学生,则会在所在的教室进行特别提示。比如在教室外张贴有“peanut free”字样的标志,就意味着本教室禁止带含有花生成分的食物进入。

学校食堂也为有严重食物过敏史的学生安排了单独就餐区域,每次就餐时,这些孩子就会在指定的区域单独就餐。有时家长们为班里学生带来特别准备的食物作为嘉奖时,这些外带食物也需要事先经过校方和班主任教师的同意,并确认班里孩子的食物过敏情况。有的学校出于对学生健康的考虑,会建议家长准备水果作为孩子们的零食。即使家长已经确认过了,为了以防万一,教师在分发成品零食时还是会先仔细阅读包装上的成分,确认无误后再进行发放。

除了食品,药物安全在美国公立学校也有着重要的地位。美国对于药品,尤其是处方药的使用有着严格的法律规定,每次购买处方药都必须出示医生当次开出的处方。即使这样,美国社会还是面临着比较严重的非法使用药品现象。为了防止药品在学校内滥用,美国学校对在校药品的使用有着严格的监管措施。学校的常备药品由专职护士统一管理。每次用药,护士都会按要求对使用时间和对象进行记录。学生是不能随意将药物带到学校的。如果遇到有需要每日按时服用药物的孩子,家长必须事先将医生处方和药物交与学校医务处,同时告知班主任教师孩子的服药时间。班主任教师则会在指定时间将学生送到医务室服药,并由护士完成服药的签字。如果是因为生病临时需要服药,家长也需要事先与教师进行联系并告知学校护士,然后安排学生在指定时间和指定地点服用药物。

五、教师和学生的安全培训

为了提高教师们的安全意识和对安全隐患的警觉,美国学区在制定一系列安全保障制度的同时,也非常注重开展针对教师的安全意识培训。因为在学校里,每天和学生相处时间最长的就是教师了,作为学生在学校的监护人,教师,尤其是班主任教师,自然而然地肩负起了保证学生在校人身安全的重任。

按照笔者的经验,美国公立学校的教师每学年都会被学区要求完成一定时长的在线安全教育学习。这些在线教育的主要目的是为了强化在职教师的安全防范意识,提高教师们对于可能存在的安全隐患的警惕性,最终降低校内安全事故的发生率。博福特学区教师在线安全教育的学习内容包括消防安全、药品安全、日常行为安全以及网络安全等。教师们每完成一个专题的学习后,还需要通过相关专题的在线测验才能进入下一个专题的学习。这样的在线培训是每一位正式教师必须完成并且取得合格证的培训项目,每次培训开始前和截止日期前,学校都会提醒自己的教职员工按时完成在线培训,而教师们所有的在线学习数据都会通过网络反馈到学区相关部门。

其实,美国公立学校的教师在日常教学中也格外注意校园内各种可能引起安全事故隐患的问题。一旦发现了可能的安全隐患,教师会立即通知校长或者相关负责人前来处理。这一方面是因为肩负着保障学生在校安全的重任，另一方面也是为了避免给自己带来不必要的麻烦。不仅如此，美国公立学校的教师们也非常注意自己在学生面前的行为，尽量避免作出一些有危险性的动作，以免学生尤其是低年级学生在进行模仿时造成伤害。这或许就是所谓的“身教重于言教”吧。

美国公立学校不少教师不仅非常注意学生的在校安全，也非常注意学生在家的人身安全。如果自己班上的学生疑似有被虐待的迹象，例如可疑的伤痕、非正常情绪表现等，教师也会在第一时间告知校长或者相关负责人。

要保证学生在校的安全，说到底，最重要的还是要让学生认识到安全的重要性，并学会保护自己和他人的安全。为了让学生从根本上认识到这一点并学会基本的安全技能，校方对于学生的安全教育几乎渗入了日常教学的每一个细节。从学习用品的使用到学生彼此间的嬉戏打闹，学校都做出了明确的规定，如要求学生在取放剪刀时刀口向下，禁止在走廊奔跑或者勾肩搭背等。令笔者印象深刻的是，美国公立学校的教师非常注意对学生肢体语言的引导，例如作出枪支的手势在美国公立学校就是严格禁止的。

上文提到的穿插于学习期间的常规安全训练也是为了更好地加强学生自身的安全防范意识。之所以每次演习时校长以及各部门的负责人员都会全员出动，对每一个班级进行严格的检查并指出不合格或者有瑕疵的地方，都是为了给学生们作出表率，让学生们严肃认真地对待每一次演习。

除了行为安全训练，心理健康学习也是美国公立学校安全培训的一个重要方面。本书前面已经提到，美国公立学校有专门的心理行为指导教师。这些教师会定期为学生进行心理及行为课程辅导。这些课程除了教导学生们避免在学校和家庭里参与各种暴力事件，让他们知道发生暴力事件以后的正确应对方式，还会定期对学生进行心理情绪的疏导。

在希尔顿黑德岛小学，笔者对其中一堂一年级的心理行为课印象格外深刻。这堂课的主题是“如何面对坏情绪”。在这堂课里，教师利用讲故事的方法告诉学生，如果感到生气或者有了坏情绪，不应该回避或者一味憋在心里，也不能够因为自己心情不好就胡乱发泄，正确的方法应该是找到适当的方式，对不好的情绪加以有控制的发泄。虽然笔者并不知道这些一年级的孩子们究竟能真正理解多少，但是这种从小就教导孩子们正视负面情绪的教学理念却让笔者感慨良多。如果我们的教育也能够早一点引导学生学会正确处理负面情绪，或许就能避免很多因为不能正确处理负面情绪而发生在同学间相互伤害的悲剧了。

第三节 美国公立学校的学校教育

相信不少人和笔者一样，对于美国公立学校，最关心和最感兴趣的地方，还是美国公立学校教育的理念和制度的实施。长期以来，中国的教育体制一直备受批评，其中最主要的原因莫过于填鸭式的应试教育方式以及由此造成的中国学生普遍缺乏批判性思维和解决实际问题的能力。

其实除了应试教育，中国各级学校过于偏重“知识传授”的教学特点，也在一定程度上导致学校教育结构的畸形。迫于各种升学压力，长期被各种课业压得喘不过气来的孩子们，在成长过程中由于缺乏人格教育与品性的陶冶，逐渐变得不善于与他人沟通和相处，严重的甚至还会导致人格不健全，并患上各种心理疾病，走上极端的发展道路。

那么作为很多国人心目中理想教育代表的美国基础教育，又是如何应对和解决这些可能出现在孩子成长过程中的冲突与矛盾的呢？他们是否真如我们想象的那样完美呢？如果真是如此，为什么有越来越多的美国人开始向本国的基础教育发难，指责美国的基础教育呢？

其实和中国一样，当今美国的基础教育也面临着众多的问题。不过不同的是，在众多被指责的问题中，首当其冲的是美国各界人士对本国基础教育质量的质疑。美国国内对本国基础教育的不满情绪日益高涨，很多人认为美国的自由主义思想在培养学生创造力的同时也给基础教育带来了负面影响。美国基础教育对学生过于放任自流的培养造成了教育质量的下降，并且导致很多学生完成基础阶段的学业以后缺乏与之相适应的读写和计算能力。

为了平息人们对于本国基础教育的不满并且从实质上改善基础教育的质量，美国政府进行了持续的基础教育改革。1983 年，美国高质量教育委员会发表了《国家在危急中：教育改革势在必行》的报告，揭示了美国基础教育中存在的严重问题。1997 年，时任美国总统的克林顿在国情咨文中发布了将教育达标列在首位的教育改革计划。为了改善美国基础教育的现状并且提高美国基础教育的质量，小布什政府于 2002 年签署了《不让一个孩子掉队》的法案。该法案自颁布以来，在美国的基础教育界形成了广泛的影响，其中之一便是严格要求各州扩大参加州统考学生的范围并增加标准化考试的力度。

然而标准化测试的推广犹如一把双刃剑。受标准化测试推广带来的压力，美国许多公立学校都开始实行以提高考试成绩为目的的应试教育，不少教师甚至会在标准化考试开始前对学生进行针对考试的“突击教学”。随着时间的推移，这种教育的弊端开始在美国基础教育中展现出来,并受到不少教育界以及相关人士的指责。在公众舆论的压力下,奥巴马政府又开始呼吁各个学校减少在校学生的标准化考试次数,避免应试教育的推行。

在留美任教的两年时间里,笔者也听到了不少来自美国当地的教师、学者以及学生家长关于美国基础教育的一些心声。在接下来的部分笔者将就自身的体验,并结合当地教育相关人士的观点来谈一谈美国公立学校的教育概况。

一、教学理念

所谓教学理念,简单说就是在教学实践中指导教师实施教学的指导思想。在美国教育界一直占主导地位并长期影响着美国基础教育的是美国实用主义哲学家杜威的教育思想。在杜威教育民主、平等和实用主义思想的影响下,重视培养学生的独立思考能力、创造能力和实践能力成为美国基础教育的传统。此后在杜威教育思想下发展出来的建构主义者更是对以知识输入为主的客观式或填鸭式教学方式提出了批评,认为学习应该建立在学习者主观已经具有的知识结构之上。

就笔者个人的观察而言,现今美国公立学校的大多数教师秉承了建构主义的教学理念。在坚持建构主义理论的教师看来,学习不是被动的过程,也不是靠客观知识的输入。理想的学习模式是学生在老师的帮助下,通过利用自身已有的知识和经验对新的知识进行构建,在构建中掌握和理解新的知识。简单说来就是在整个教学过程中,以学生的自我探索为中心,教师在教学中主要扮演的是指导者和帮助者的角色。

在这样的指导思想下，美国不少公立学校的教育理念大致是鼓励学生自主探索、注重教育的公平性和区别化，并在培养学生智力发展的同时，注意学生非智力因素的教育，包括学生健全人格的培养，人际沟通能力的培养以及公民责任感的培养等，这让笔者感受颇深。

在笔者的印象中，美国学生很少因为学业成绩不佳而遭到呵斥。相反，大多数学生受到惩罚通常是因为行为方式的不当。除了对行为的纠正，美国公立学校的教师也很注意培养学生在日常生活中与他人沟通协商的人际交往能力。即使因为受《不让一个孩子掉队》法案的影响，应试教育越来越多地被使用在美国基础教育阶段，长久以来形成的以杜威和布鲁纳为代表的建构主义教育家在美国教育界的地位却并不容易被撼动。

除了建构主义教学流派，近年来多元智能的教育理念也越来越渗透到美国基础教学的各个方面。多元智能理论实际上是针对将“语言能力和数学逻辑能力”作为智力核心成分的传统智力理论提出的。多元智力理论学者认为，传统智力理论对于智力的定义过于片面，容易在教学中过度强调死记硬背，造成学生缺乏创新能力和动手能力。

20 世纪 80 年代，哈佛大学认知心理学家霍德华 · 加德纳提出了多元智能理论，认为每个人都不同程度地具有语言智能、逻辑—数理智能、空间智能、运动智能、音乐智能、人际交往智能、内省智能、自然观察智能。学校教育应该根据每个人智能的不同构成，为其选择最佳的学习方式，而不是片面地强调仅仅作为多元智能构成元素之一的智力因素。加德纳认为，当学生完成学校学业以后，其他非智力因素对学生最终所能取得的成就或许有着更为重大的意义。在该理念的影响下，一些教师开始在教学中更多地注重培养学生的其他智能，意图通过教学的多样性和多元性，让学生能够在学习中更好地扬长避短，获得自身的最优发展。

多元智力理论的出现还从客观上促使了学校对学生评估方式的改变:智力测试不再是单一的评估方式,学生在学习中所使用的方法、呈现出的情感态度以及解决实际问题的能力都成为教师对学生进行评估时所需要考量的因素。

不管是建构主义还是多元智能,学生在学习中的主体地位都是毋庸置疑的。在笔者参加的与教学相关的培训中,美国教育者们也多次提到了教师在教学过程中作为“facility”(辅助者)角色的定位,强调教师更多的是要协助学生通过自我的发现探索去掌握规律和技能。在这种理念的影响下,美国公立学校的教育又呈现了如下特点。

1. 自我探索

笔者到达美国以后发现确实如传言所说的那样,美国学校非常推崇让学生进行自我探索的教学方法。教师们并不急于将公式或者理论直接讲解给学生,而是鼓励学生通过自己的观察发现来解决问题。“hands - on”(动手做)就是在这样的理念下成为美国中小学课堂教学的一大特色。教师鼓励学生在各种动手活动中,通过探索和讨论掌握知识。在学生们自己探索、解决问题的同时,教师们会对学生的讨论进行观察,并且根据具体情况提出具有针对性的指导建议。

为了鼓励学生多动手以获得更好的学习效果,美国的中小学教师大都备有各式各样的教学辅助工具,重视多感官形象化的教育,以便促成学生在探索中视觉、听觉以及触觉的多感官结合。美国很多教师认为,处于小学阶段,尤其是低年级的学生,由于生理各方面的发育还没有完全成熟,单纯依靠抽象概念和文字的输出很难达到理想的教学效果,因此,带有具形性的教具正好弥补了纯文字教学的缺陷。

这些各式各样的教具不仅让原本显得枯燥乏味的教学充满了乐

趣,还能更好地培养和锻炼学生的动手能力和思维创新能力。在一年级的教学中,笔者发现美国教师最喜欢使用的教学工具是积木,这些教师几乎可以利用积木进行任何教学活动。

除了教学辅助工具,教师们时常还会设计各种需要进行观察的教学活动,来激发学生自主思考和探索的能力。例如,在一年级科学课“植物的生长”教学单元正式开始前,教师会发给学生一些不同植物的种子和土壤,让学生把这些种子种在写有自己名字的透明杯里,每天观察并定期记录下植物的生长变化。这让学生养成了一个特定的习惯,那就是每天早晨到教室的第一件事情就是观察自己的植物是否有了变化。当单元教学结束时,学生们的观察日志也已经写得满满当当,而植物生长过程中的各种相关概念也在每日的观察和记录中写进了学生的脑海。

虽然自我探索的教育理念促进了美国学生的观察和思考能力,但这样的教学方法也受到了一些质疑,很多人认为过于松散的教学模式导致了美国基础教育质量下降,致使学生缺乏系统性的知识。此外,还有人认为对于年幼的孩子来说,探索学习的方式如果掌握不当,就会让活动的玩耍性大于学习的目的性。虽然探索式的游戏教学中蕴藏了很多潜在的知识,但是对于年纪较小而且一心扑在游戏里的孩子来说,要注意到游戏背后的知识是非常困难的,一旦掌握不好让学生进行自我探索的节奏反而会适得其反。如果兴奋的学生忘记了对自己行为的约束,教师就不得不停下来进行纪律管理,这样就很可能打乱了整个教学过程。

笔者所在学区的一位负责数学教学的教师曾跟笔者多次抱怨,她认为美国小学数学过于依赖依仗各种工具的教学方法,对于学生数学能力的发展十分不利。这位曾经到中国学校参观过的教师说,自己非常佩服中国学生的数学能力，并且认为美国教师应该好好借鉴中国基础教育的方法，对学生进行系统性的知识训练。

2. 公平性与区别化并重

美国教育界一直非常重视教育公平化的发展。从1975年颁布的旨在保障残障儿童学习权益的《障碍者教育法》，到2002年小布什政府的《不让一个孩子掉队》，再到2015年奥巴马政府签署的《每个学生都成功》法案，无一不表明了美国政府在推进教育公平化方面的努力和决心。

作为公共教育的基础，美国公立学校无疑是公平教育的重要执行者。首先，公平教育表现在为每一位学龄儿童提供公平学习的机会上。正如上文提到的，任何公立学校都不得以任何借口拒绝任何种族、肤色、国籍、宗教、家庭背景以及身心障碍的学生入学。其次，学校必须保证每一位在校学生都公平地享有学习资源，教师不得以个人偏好区别对待学生。或许正是因为在这样的背景下，美国学生对教师对待自己的态度十分敏感，时常把“这不公平”挂在嘴边，致使教师在教学中不得不十分注意自己的态度，以免因为学生感受到“不公平待遇”而将其投诉。这就不难理解为什么美国公立学校的一些集体演出的质量，看上去比不上中国学生。这是因为在大多数情况下，校方并不会对参与集体演出的学生以某种标准进行选拔，而是尽量鼓励让所有的学生都从活动中学习并享受快乐。

然而，即使目前美国基础教育阶段的公平化教育已经取得了很大的成果，但还是存在不少让美国教育界人士忧心忡忡的地方，其中就包括公立学校教师队伍的构成。不少分析人士指出，目前美国公立中小学教师队伍的性别、种族构成失调，非常不利于公平教育的开展。有数据显示，现有的美国中小学教师队伍以白人女性教师为主。这样的教师构成与美国公立学校学生构成的多样性相比存在着明显的差异。除此之外，美国各地区间教育发展水平的失衡，以及具体教学实施过程中存在着的各种事实上的教育非公平化现象，也让人不免抱怨现实与理想的差距。

在推行教育公平化的同时，美国学校教育也非常重视区别化教育的发展。区别化教育，看起来似乎与教育公平化背道而驰，实际却是为了促进教育公平化更好地发展而实行的教育策略。实际上，区别化就是中国教育理念里经常提到的因材施教，就是根据学生的实际水平、学习能力来设置学生的学习目标和学习任务。以美国公立学校的阅读教育为例，一些教师在进行阅读教育时，会根据之前阅读测试的结果将学生划分为不同的组别。每一个组别里学生的阅读能力几乎处于同一档次。在进行具体教学时，每个组会接受难度不同的学习任务。而教师在布置课外阅读任务时，也会根据每个组所处的档次进行合理布置。这样虽然有利于教师区别化教学的展开，但也会产生一定的负面效果，让一些敏感的孩子因分组的结果感到自尊心受挫，尤其是在教师根据不同阶段的测试结果进行组别调整时更为明显。因此有经验的教师在采取这种分组方式的时候，首先会和家长进行及时的沟通，说明分组的理由以安抚学生以及家长的情绪。

当然也有一些教师喜欢将具有不同学习能力的学生放在一起。这样做的好处是，在学习小组中，可以充分发挥优秀学生的模范带头作用，同时还可以培养学生间的协作精神。在同一组别中，通过向其他同龄人的学习，让学习能力较差的学生更好地锻炼自我学习能力。对于“尖子生”来说，帮助他人也有助于自己领导能力的培养，这与美国社会所倡导的精英文化理念也十分契合。

当然，美国公立学校班级的构成也为教师进行区别化教育提供了可行的前提。通常来讲,美国小学教学班的规模较小,普通班级学生人数一般不超过20人。这样的小班构成也比较有利于教师在课堂活动中观察每个学生的特点,鼓励学生在学习中发挥自己的特长,并且针对每个学生的特点进行因材施教。

除了班级内部的区别化教学,美国公立学校还设有专门的区别化教育项目。这些教育项目大都得到了联邦以及各州经费资助,并针对某些具有共同特点的学生群体设立。从根本上说,这些教育项目也是为了更好的保证基础教育能够根据学生特点进行教学,最终促进学生的全面发展。

例如,美国不少公立学校就为在测试中表现出众的学生设立了单独授课的"天才班",也就是美国教师和家长们常说的"GT"(Gifted Education)班。之所以为称为GT教育,是因为这样的教育是为"Gifted students"(天才学生)开设的特别辅导教学,相当于国内的尖子班。

负责GT班教学的班主任教师需要接受GT相关培训并且取得GT教师资格认定证书。这种教学班通常从小学三年级开始设置,作为精英教育的一部分,GT班不仅具有更高的教学质量和标准,每学期还会通过标准化测试对学员进行再次选拔,进入GT班的学生通常都是在标准化测试中取得了优异成绩的学生。开班前,学校会根据一定的参照标准公布GT班的入班要求。如果学生的成绩符合学校GT班的要求,就可以选择加入GT教育或者继续留在普通班学习。希望自己的子女能够接受最好的教育是父母们共同的期盼,即使在美国也不例外。因此不少家长都希望自己的孩子能够进入GT班,接受精英教育。每个学期GT班都会根据标准化测试结果进行再分班,这样的反复选拔让班级成员的进进出出成了家常便饭。因此,相比普通班级,在GT班学习的孩子要承受更大的压力,GT班的教师们也需要更加注意班里学生的情绪变化，防止压力过大给学生带来心理阴影，妨碍学生的健康成长。

当然美国公立学校的区别化教育远不止于此。无论何种项目、何种形式，区别化教育最重要的是能够根据学生自身的特点展开教学设计和指导。为了真正做到因材施教，美国不少学校还为每一个学生建立了详细的学习档案。这种学习档案一般分为两类：一类是供教师掌握的，档案上面记载着学生平时的测验成绩、标准化考试数据、行为习惯以及性格特点等。此类学习档案会被用在比较正式的会谈中，例如家长和班主任的座谈会、班主任交接会、特殊教育计划制定会等，为与会者提供客观、科学的参考数据。另一类则用于保存学生的学习作品，包括作业和部分形成性考试。平时这些档案就放置于教室内，跟着学生走完 5 年或者 6 年的小学生活。对于孩子来说，这份档案夹里记录的就是自己的成长轨迹和心路历程，每一份作品中都珍藏着许多专属的独家记忆。

3. 基于学生自身水平的阅读教育

阅读教育是美国中小学教育的重要组成部分。事实上，阅读在美国人的日常生活中占有重要的位置，即使在各种电子图书大行其道的时代，不少美国人外出时都不会忘记随手带上一本书，或是在周末与志同道合的好友一起参加各类读书会，分享自己最新的读书心得。虽说任何年纪开始阅读都不晚，但是幼年时期培养良好的阅读习惯会让孩子受益终身。一些与阅读相关的研究也证明了这种观点的正确性，实验显示，在人生早期阶段就开始培养阅读习惯，对于儿童大脑发育、语言习得以及思维发展都有着不可估量的积极作用。因此，在自我热衷阅读的同时，美国人也没有忘记培养下一代的阅读习惯。为了鼓励那些生活在经济发展相对落后地区的家长们支持自己孩子的阅读行为，教育学家们更是向贫困家庭打出了“阅读改变人生”的宣传口号。

既然美国人如此重视阅读,美国公立学校自然也不会忘记对学生进行适当的阅读训练。据笔者所知,美国大部分公立学校都拥有供学生们借阅书籍的图书室,每个班级也拥有属于自己的图书角。学生们不但可以在校进行自选阅读,还可以在教师的指导下,携带与自己阅读能力相当的书回家阅读。这对于家里经济条件不好但又喜欢阅读的孩子来说,无疑是一件愉快而美好的事情。

通常来说,借阅的图书会按照学生的阅读能力进行分级。分级的目的一是为了让教师们更好地对学生的阅读进行指导,二是为了让孩子们能找到适合自己阅读水平的书籍,不会因为书籍过难或者过易而失去阅读兴趣。所以,图书室的负责教师和每个年级的班主任教师必须非常清楚与本年级阅读要求相关的书籍清单。

看到这里你或许会问,美国学生的读物到底是怎样进行分级评定的呢?美国相关专家对阅读分级进行了研究探索,并根据书籍词汇、文法、句子结构、背景知识以及学生实际阅读水平等,制定了相关的分级标准。学区可以根据需要选择适合本学区的阅读分级标准,然后让其辖区内的各个公立学校在教学中采用与选定标准相适应的书籍分类标准。

希尔顿黑德岛小学采用的是凡塔斯和皮内尔两位阅读专家(Irene Fountas ,Gay Su Pinnell)研制开发的图书分级标准。这两位专家将图书分为26级,分别用字母A到Z表示,A为最易,Z为最难,因此也被称为A-Z分级法。因此,在希尔顿黑德岛小学的学校图书上都贴有与图书等级相对应的字母代号。通过这些字母代号,教师就能非常容易地选取与学生现有阅读水平相适应的读物。不仅如此,这些分级也能够帮助家长很好地挑选适合自己孩子的读物。

那么美国的学校如何测评学生的实际阅读水平呢?对学生现有

的阅读水平和能力进行评估，也是美国公立学校阅读训练中一个非常重要的组成部分。为了更好地了解学生的实际阅读能力并进行有针对性的阅读教学，每个学期伊始，班主任教师都需要按照学校以及学区的教学要求，对每一位学生进行阅读能力的评定测试，并根据学生的测试结果进行档案记录。用于测试学生阅读水平的方法很多，其中常见的是教师和学生一对一的阅读测试。在测试过程中，教师会对学生的语音、词汇、阅读流利度、准确度以及对文章的理解力分别进行评估。测试结束后，教师将评估的结果与相关标准一一对照，处于标准范围内的阅读能力即为“on - level reader”，高于年级水平要求的即为“above - level reader”，低于年级要求的即为“below - level reader”。必要的时候某些低于年级阅读水平的学生还需要接受特别语言教学辅导，即上文提到的 ELA 教学辅导。测试结束后，教师会按照学生的测试结果将学生分组，然后在教学中针对不同组别的学生选取与之相适应的阅读材料和教学方法。

表 2.2　凡塔斯和皮内尔阅读分级法对学生阅读能力的要求 k – 5（学前班到小学五年级）

年级	第一学期末	第二学期末	第三学期末	第四学期末
学前班	不适用	A 级	B – C 级	C 级
一年级	D – E 级	E – G 级	H – I 级	I 级
二年级	J 级	K 级	L 级	M 级
三年级	M 级	N 级	O 级	P 级
四年级	Q – R 级		S – T 级	
五年级	T – U 级		V – W 级	

为了培养学生的阅读兴趣，除了日常教学中普通的英语课、读写课以及图书馆阅读课以外，美国公立学校通常还设有一个被称为“read aloud”（大声阅读）的时间段。在这段时间里，教师将为班上的学生朗读精心挑选的经典著作，有时到了故事的精彩部分，教师还会

让学生跟着自己一起读，或者故弄玄虚地让大家猜猜故事接下来的情节发展，让看似略显单调的朗读时间也充满了乐趣。

美国中小学不仅在学校备有大量供学生阅读的书籍，还不遗余力地向学生家长宣传阅读的重要性，鼓励家长在家里与孩子一起阅读以增进阅读的乐趣。此外，校方还会组织一些类似读书会的活动，鼓励学生们多阅读。例如，希尔顿黑德岛小学的图书管理员就发起了一场名为“读书之夜”的活动，号召教师在学校里为学生举行义务读书会。在读书会当晚，在家长的陪伴下来到学校的学生，可以根据自己的兴趣选择去哪个教室。所谓“读书之夜”，从根本上说也就是为了培养孩子们的阅读兴趣。不过这个“读书之夜”的有趣之处在于，学生们能听到来自不同语言的故事阅读，因此，在活动中受邀的教师大都被称为“多语教师”，而来自中国的笔者自然也连续两年收到了活动邀请。

成人榜样的潜移默化影响再加上班主任教师布置的每天一本的阅读任务，使不少美国孩子从小就养成了每日定时阅读的习惯。待到小学毕业时，学生们的平均阅读量也就可想而知了。除了对阅读数量的要求，随着年级的提升，教师对学生阅读能力的要求也越来越高。到了小学四五年级，学生们的阅读任务就不仅仅是完成一本书那么简单了。此时，教师们会抛出一些学术级别的题目，要求学生通过阅读和查找资料来完成相关论述。在收到教师布置的任务后，孩子们就开始通过各种方式查阅资料，社区图书馆、学校图书室、网络都成为他们的阅读资源并且令学生们感到乐此不疲。这让笔者想到了不少中国留学生初到美国时，为完成各科教师布置的阅读任务而尝尽了苦头。在了解到美国公立学校对学生的阅读教育以后，笔者以为出现这样的情况其实也不难理解。当美国的学生们在每天一本进阶阅读时，中国的学生却为了在应试的千军万马中杀出一条血路而埋头于各种题海战术的练习之中。在如此不同的学习训练中，当美国孩子早已把阅读当成日常习惯的时候，中国的孩子却将其视作应付教师的作业，其阅读能力的差距和因此造成的心理压力也就可想而知了。

4. 合作学习

在建构理论的影响下，合作学习模式也成为美国公立学校教育的一大特色。对于美国的学生而言，合作学习或许是他们再熟悉不过的学习模式了。为了激发学习者主动探索和团队合作的精神，美国的教师们非常偏爱让学生们在课堂上以小组合作的方式进行探索的学习模式。这种贯穿整个美国教育体系的、通过共同协作完成目标任务的学习方式，合理解释了为什么极度崇尚个人英雄主义的美国人却丝毫不缺乏团体合作精神。

其实，合作学习不仅有利于刺激学生的自我求知欲望、提高学习效果，还有利于促进成员间相互依赖、相互交流的良性互动，培养学生的人际交往能力。在团体合作中，为了达到最终目标，成员们最主要的便是依靠语言进行沟通和协商。在合作学习的模式下，教师的最终评价结果通常来自于团队的整体表现，而不会以团体中个人的表现作为评价标准。

这样的评估方式有利于增强学生的个人责任感以及对他人包容和欣赏的能力。在与组员反复的协商中，学生可以一起学习、互相帮助，在达成共同目标的过程中，逐渐懂得合作的意义以及个人行为对团体最终成功的重要影响。当团体达成目标时，所有成员都能够获得与之相应的奖励；当团体失败时，全体成员需要共同承担后果。在这样的合作学习模式下，能够让让孩子们明白，在团队中单靠一个人的力量很难获得最后的胜利，团体中的每一个人都对团队的最后成绩负有不可推卸的责任。

在美国公立学校的一些教师看来，采用合作学习模式还有着更为广泛和重要的意义，其能够进一步改善美国社会长期以来存在的种族歧视。虽然在1964年美国国会通过的《民权法案》中早已明文禁止在公共场所实行种族隔离和歧视政策，但事实上少数族裔在美国社会依然属于弱势群体，各种因种族歧视引发的社会争端不时见诸各类媒体。为了改善这一弊病，对作为社会未来的孩子进行相关教育无疑是最佳的解决途径之一。也正如笔者在本书中不止一次指出的那样，美国公立学校学生的种族构成几乎是美国社会的缩影，不少公立学校中非白人以及少数族裔的学生比例甚至超过了白人学生，因此很多公立学校的教师也一直试图在学校中降低乃至消除种族隔离以及种族歧视带给学生的伤害。在这样的社会背景下，合作学习模式无疑是一种能促进不同族裔孩子相互了解、相互交往的良好学习模式。

有效的合作学习，一方面能提升低水平学生的自信并增强学生对自我行为的约束力；另一方面也是培养高水平学生领导和组织能力的绝佳机会。对于这些日后可能成为美国精英阶层的孩子来说，除了需要有出众的学识，更重要的是具有强烈的责任感、独立的精神以及自由平等的民主意识等。笔者注意到，美国教师在进行分组时，会特别指出这一组的"负责人"。这些"负责人"大都是在学校各方面表现较为突出的学生。在日常的小组合作学习中，这些孩子可以通过对组员的观察了解进行合理的分工，维持成员间和谐平等的关系，引导成员沿着正确的道路向最终目标前进，让自己的领导才能得到充分锻炼。当然，如果小组成员行为失控，或者整个小组在学习过程中失去了目标，"负责人"就需要承担起"无作为"或者"失职"的责任。

有关合作学习的益处，很多学者也做了长期的跟踪调查和专题研究，笔者在此就不再一一赘述了。在进行合作学习模式教学时，美国公立学校的教师会根据教学任务的类型和自己的喜好选择不同的合作模式。笔者周围的教师经常采用的模式大致有两种:一种是根据学生的实际学习能力和水平进行同等能力分组,并根据学生自身学习水平的变化对学生进行升组或者降组。这种分组通常被使用在教师需要进行区别化教学任务的时候,比如分组阅读能力训练。在希尔顿黑德岛小学,教师在完成学生的阅读水平测试后,会按照学生的评估结果将学生分为不同的小组。同一小组内学生的阅读能力和水平基本都处于同一档次。在进行阅读任务时,教师就能根据该组学生的实际情况对学生进行具有针对性的阅读材料选择和阅读技巧的训练练习,该小组的成员则在教师的指导下共同完成阅读任务。

除了这种按照学生的能力水平进行分组的合作学习模式,另一种将学生“随机”混编的合作模式就更为常见了。所谓“随机”的混编,就是在教师布置完学习任务以后,将 2 到 6 位不同性别、种族、学业水平的学生合编为一组,实际上是一种“有意”的“随机”。在部分教师看来,这种合作模式更符合合作学习的初衷,即打破学生间的隔阂,能够让来自不同文化背景、具有不同思维方式、智力类型以及认知风格的学生在合作学习中实现互补,达到学习效果最佳化。这种看似“随机”的分组背后其实也饱含了教师们的智慧,既要保证每组成员具有一定的差异性,又要注意组间的平衡性。教师在分组活动中提供指导的同时,还会通过组员间的相互合作情况对此次分组进行评估。这些评估结果会成为教师下一次分组的重要参考依据,以帮助教师带领学生展开更为科学的合作学习。不论是哪种形式的分组,教师必须注意各组学生在分组后的心理和情绪状态并及时作出调整,以免遭到学生家长的投诉。

正如这世上没有让所有人都感到满意的事物一样,无论是何种形式的分组总会几家欢喜几家愁。为了避免学生间发生激烈的矛盾冲突,教师们往往需要具备一些分组技巧。不过让学生通过探索去学会如何在小组内与自己性格不同甚至不和的成员相处,如何与其他持有和自己冲突意见的成员沟通,也是不少教师实行合作学习的目的之一。正因为如此,在合作学习的过程中,美国公立学校的教师除了对各个小组的学习进行观察和指导外,很少干涉组内成员的沟通。孩子们发生争执的时候有时难免会找到教师求助,在面对这种情况时,大多数教师只是静静地聆听完孩子的诉求,然后耐心地启发学生通过自己的能力去协调冲突。如果孩子间相互协商失败,使争吵升级,教师干预才会适时启动。

就笔者见到的美国教师常用的干预方式大致有两种:一种是暂停该组的全部活动并让组员回到自己的座位进行反思;另一种则是让该组成员作为旁观者观察和学习其他小组的合作学习模式,在组员们认为自己有能力在合作中完成指定任务时,教师才会“有条件”地恢复该组的活动。所谓“有条件”,指的是该组必须接受来自其他人的监督。

5. 公益意识与感恩教育理念

除了上面提到的各种教学理念,令笔者同样印象深刻的是美国公立学校的公益意识与感恩教育。公益意识教育可谓是美国公立学校教育的一大特色,当然这也与美国社会本身有着比较浓厚的公益慈善文化氛围有着密切的关系。在美国,各种民间非营利慈善组织随处可见,很多普通公民也养成了定期资助慈善事业的习惯,在某种程度上甚至可以说,慈善活动已经成为美国人的日常社交活动之一。不少美国家庭的孩子在很小的时候就会和家长一起参加各种慈善活动。

正是在这样的文化氛围下,公益意识教育自然也成了美国公立学校教育的重要组成部分。为了培养学生的公益意识,学校常常会因地制宜地开展一些学生们力所能及的慈善活动。比如号召家庭条件优越的学生捐赠易保存的食物用于救济在学校就读的贫困学生；组织学生参加当地的环境保护活动，例如清理海滩垃圾、回收废弃纸张、垃圾分类等。其中捐赠活动或许是学校最为频繁也是最为常见的慈善活动了。

笔者曾见证了希尔顿黑德岛小学发起的一场声势浩大的募捐活动，其主题是向非洲贫困儿童捐鞋，活动的口号是“让人人都有鞋穿”。在活动之初，校长通过广播向全校师生宣布此次活动的目的以及捐赠目标，号召师生们把自己的鞋与非洲没有鞋穿的孩子们一起分享，努力达成既定目标。很多学生和教师还制作了很多宣传海报悬挂在校园各处。在持续一周的活动时间里，每天都会有学生和教师将捐赠的鞋带到学校，由负责组织活动的志愿者把这些鞋整齐地摆放在走廊的两侧。每每看着日益增加的鞋子渐渐把学校走廊两侧铺满，学生们就难掩兴奋之情，相互猜测着募捐的最终结果。当活动最后一天副校长通过广播向全校宣布捐赠鞋子超过预定目标、捐赠活动大获成功时，欢呼声从每一间教室传出。笔者猜想，此时孩子们脸上发自内心的笑容，不也是此次义捐活动的初衷之一吗？

其实美国公立学校里类似这样的活动还有很多，很多时候这种慈善活动都是不记名的。学校这样做的目的，是为了让学生将慈善作为一种真正的助人行为而非炫耀的资本。每每有学生们谈论各自捐赠的具体数额时，教师们也都会及时制止，防止学生将慈善捐助作为彼此攀比的方式。

在培养学生公益意识的同时，美国公立学校也非常重视对学生的感恩教育。心存感激并且及时向他人表达谢意也是美国人的日常礼节之一，适时而恰当的感谢往往会被视为个人良好教养的体现。不论是受邀做客、收到礼物还是受到别人的帮助，受益者都会在事后写上一张卡片表达自己的感谢之意。作为美国最重要的传统节日之一的感恩节，也成为美国人自豪和骄傲的节日。如果初到美国的你恰巧碰上了感恩节，当地人大都会非常自豪地向你热情宣告这是美国特有的节日，并迫不及待地想要邀请你一同感受特有的节日气氛。在感恩节期间，美国人不仅会尽情享受与家人团聚的时光，相互分享感恩的心情，还会为无家可归和饱受贫困的人带去食物以表达自己的心意。

美国学校进行感恩教育不仅仅是为了让感恩的文化得以传承，另一方面也是为了促进学生的身心健康。专门从事感恩教育的研究学者指出，数以百计的实验已经证明了感恩能增加人的幸福感，促进人际关系和谐并提高身体健康水平。对于孩子们来说，感恩教育不仅有利于培养积极向上的乐观情感，对于营造学生在校良好的人际关系氛围以及提高学业成绩都有促进作用。也有研究进一步指出，虽然还没有明确证据证明感恩教育对于学生的情绪、行为、学业以及人生有着决定性的作用，但是适当的感恩教育，对于降低学生群体的不良行为有着积极的作用。① 研究人员指出，针对这些学生群体展开专门的感恩教育，能够有效地降低这些孩子在面对不利环境时的压力感以及由此产生的不良行为和情绪。

在当下物质文化高度发达的时代，不少教师对美国儿童的成长都显示出了不同程度的担忧，这些担忧的一部分就与当今的美国儿童对于表达感谢的淡漠有关。在传统观念里，来自中产阶级家庭的孩子们应该接受了良好的行为习惯教育，在待人接物上理应具备基本的礼仪意识。但这其中一些被宠坏的孩子却把别人对自己的帮助视为理所

---

① 这里说成长在高危环境的学生群体，主要是指来自低收入低教育水平家庭或者在处于高犯罪率区公立学校就读的学生。

当然,毫无感恩之心。也正因为如此,相比于生活在贫苦家庭的孩子,一些生长于富裕家庭的孩子反而成为这些教师们进行感恩教育的重点对象。为了让这些学生认识到感恩的重要性,教师们格外注意从学校的日常小事中让这些学生学会感恩。不论这些学生在家里如何与他人相处,教师们都会强制要求他们在第一时间向对自己提供帮助的人表示谢意。

用于表达谢意的方式多种多样,既可以是一句简单的话语,也可以是自制的卡片,或者是一个小小的礼物,重要的是向对方表达自己真诚的感谢。除此之外,教师们也非常注重让孩子们养成学会感恩的习惯。一些教师会不定期地让孩子们写下自己想要感谢的事和人,或者在每天睡觉前写下一天内让自己想要感谢的事和人。虽然也有很多人质疑这样的感恩教育过于形式化,但是还是有不少美国人把这种形式变成了习惯,并且一直保持下去。

在感恩之余,学会与他人分享也是美国公立学校教育的重要特色之一。首先,分享是合作的必要前提。之前笔者也提到过,美国的学校教育非常重视小组合作学习,要在合作学习中取得成功,学会与组内成员分享资源就显得格外重要。其次,适当的分享有利于促进师生关系的和谐。教师在每天的教学中会有意地安排分享时刻,让学生尝试着分享学习经验、新的文具用品、爱好、最近的经历乃至周末安排等。这些短暂的分享不仅能拉近师生的关系,增加学生对教师的信任感,还能增强学生的自信心和自尊心,对于学生健全人格的发展也有着不可忽视的积极作用。

6. 重视人际交往能力的培养

所谓人际交往,指能够察觉并区分他人的情绪、意图、动机和感觉,并运用语言、动作、手势、表情、眼神等方式与他人交流信息、沟通情感的能力。作为一种基本智能,培养人际交往能力对于孩子的人格健全、心理健康和智力的发展都有着积极的影响。少年儿童时期人际交往能力的养成,对于成人以后的社会生活有着尤其重要的积极作用。

事实上,中国不少青少年都缺乏人际交往能力,这已经成为中国教育备受指责之处。不少人对青少年表示出了极大的担忧,这些青少年在完成了基础阶段的应试学习之后,并没有与其年龄相适应的人际交往能力,从而导致在进入高校学习或者走入社会以后不知道如何与他人相处,在产生挫败感后甚至走上极端的道路。近年来,各种关于校园暴力以及由于同学间相处不当引发的恶性事件的报道频频出现。究其根本都是由于涉事者缺乏基本的人际交往能力,在矛盾产生后不知道如何与他人交涉来化解矛盾,最终导致了极端结果的发生。

相比较而言,美国教育界对于受教育者的人际交往能力的培养则十分重视,不论是学生家长还是学校教师都非常注重培养学生在实际生活中与他人交往的能力,尤其是从日常生活的每一件小事着手。举例来说,早上到校朋友间的相互问候,在学校走廊里遇见教师时主动打招呼,都是美国小学生们每天在学校里最基本的人际交往礼节。

上文所提到的美国公立学校所提倡的合作学习模式,不仅让课堂成为学习知识的地方,同时也成为磨炼学生人际交往能力的重要场所。而作为教学辅助者的教师也是时刻在培养着孩子们的交际能力,例如他们常常定期与学生交流思想,让学生们进行自我表达;在孩子们发生摩擦和冲突时,让事件当事人相互陈述并一起分析事件,最终达成和解等。

为了进一步提高学生的人际交往能力,美国公立学校还采取了很多鼓励措施,其中之一就是独具特色的分班制度。以美国公立小学为例，除了某些特别教育项目的班级，几乎每一学年都会进行重新分班。这样分班一方面是为了保证教育资源的公平性，另一方面也是为了鼓励学生尽可能多的与同龄人打交道，扩大自己的社交圈。然而，重新分班对于孩子们来说却是一个很大的挑战，这意味着他们将失去已经熟悉的学习环境和亲密的同学。很多学生在开学之初都会因舍不得之前的好友而不愿意去新的班级，这时家长和教师大都会对学生们进行积极的引导，告诉孩子在学校里不仅可以继续和老朋友见面，还能在新的班级认识新朋友，以此来消除孩子进入新环境的不安和顾虑。在这样的分班制度下，一个学生在完成 5 年或者 6 年的小学学习后，基本上也把同年级的同学认了个遍。这样带有强制性的分班制度在一定程度上对于儿童性格和社交能力的培养也能起到积极的促进作用，并且可以防止儿童孤独症的发生。

为了保证生源分布的公平性，分班通常是在“双盲”的情况下进行，具体方式则是在老师们的协商下达成共识。在年级教师的邀请下，笔者亲眼见证了一次新班级的诞生。

这是一次非常有趣的分班仪式。现任的班主任教师先把写有下一个年级授课班主任名字的卡片摆在桌子上围成一个圈，然后各自拿着自己班上学生的卡片，围着桌子站成一个圈。这时，其中一个教师发出指令：“拿出一个非洲裔美国的女生卡片放下。”所有教师就从自己班上抽取一名非洲裔美国女生的卡片放在与自己位置对应的名片上。等待所有教师都抽取完成后，大家集体往前挪动到下一个位置。然后另一个教师接着说：“选出一位拉丁裔男生卡片放下。”所有教师则会重复之前的动作完成卡片放置。每一位教师都会在自己的轮次提出相应的要求，直至分班完毕。如果恰巧自己班上没有符合要求的学生，教师们则会选取一位条件相近的学生，在征得大家同意之后将学生的卡片放在对应位置。大概十几分钟的时间教师们就完成了分班。这样的分班一方面保证了每个班的学生在族裔、性别的构成上基本相似，另一方面也避免了成绩优秀或者成绩稍差的学生过于集中在某一个班级，以给学生和教师创造相对公平的教学环境。

即使这样，也并不是每一位家长都会领情。毋庸置疑，家长们都希望自己的孩子能在学校受到良好的教育，因此带班教师的教学方式、教学效果以及孩子与其他学生的相处都会成为家长们对新班级进行综合考量的重要因素。一旦家长对分班结果不满意，就可能直接向校方提出换班申请，有些家长甚至会在一学期提出好几次调班要求，对此，校方和教师也无可奈何。

虽然这样的家长只是少数，却常常让校方头痛不已。一般而言，在收到家长申请之后，校方会首先对实际情况进行了解，然后安排教师和家长进行单独会谈，或者由校方与任课教师就家长意见进行沟通。如果不是不可调和的矛盾冲突，校方会尽量维持原来的分班。不过一旦在教师和家长间出现了激烈而且难以调和的矛盾冲突，学校会尽量满足家长要求给学生安排调班。一位教师就曾抱怨这些家长从来不考虑自己家庭给孩子造成的影响，却把学生学习不好的因素都归结到学校和教师身上。所幸的是大多数父母对于这样的分班安排都会表示理解和接受，否则仅仅分班这一件事情就可以让学校行政人员应接不暇了。

7. 责任意识教育

责任意识教育也是美国公立学校教育的重要内容之一。从本质上来说，在美国学校进行的责任意识教育通常是培养学生以“国家责任感”为核心的爱国主义精神教育和良好的公民品德素质教育。很多美国小孩在很小的时候就开始接触“责任”一词。为了增强孩子们对

“责任”的理解，校方和教师常常会让学生参与到各种教学活动和班级管理的过程中，通过对活动的策划、组织和执行等具体过程的参与，来培养学生的责任主体意识。

教师们在日常教学中也非常注重培养学生的责任意识。例如对学生的违纪行为进行处理时，相比于简单的体罚，教师认为更重要的是让学生清楚地知道接受处罚的原因以及由此需要承担的后果。即使很多低年级的学生只是似懂非懂，或许他们转身后立马就将与老师的谈话抛到了九霄云外，很多教师还是会花费大量精力与违纪孩子交谈，通过谈话来对学生进行责任教育。有一次户外休息时间，一个小男孩嘟嘟囔囔地跑来跟自己的班主任“报告”说同班的另一个男生欺负他。这位教师在了解情况以后，只简单地问了一句：“你们是朋友吗？”小男孩点了点头。于是这位教师弯下腰对小男孩说：“那么就应该由你们自己来处理，告诉你的朋友你不开心。”小男孩蹦蹦跳跳地离开后，那位教师转身对笔者说，被告状的男生是个“惯犯”，不过她需要让告状的小男孩知道，要学着对自己的行为负责，包括对自己选择的朋友。“当然作为教师来说，你不能告诉他们说，谁谁谁不好你们不能做朋友。”这位教师顿了一下，继续说：“你需要让他们自己去发现，应该和什么样的人成为朋友才能对自己负责。”

不过美国公立学校责任意识教育最重要的目的是培养学生的公民意识。在美国教育界看来，让学生们从小懂得如何正确行使公民权利和履行公民义务，对于保证美国的国家安全有着重要的意义。美国公立学校从小学一年级就开始在社会课上对学生进行有关公民意识的知识讲解，包括政府的构成、公民的基本权利和义务等，有时还会结合社会时事让学生们参与到模拟“社会公共事务”中，体验作为社会成员的公民责任感。2012 年适逢美国总统大选，笔者所在的博福特学区就组织管辖范围内的所有中小学展开了一场声势浩大的总统候选人模拟投票活动。虽说是模拟投票,但却也搞得有声有色。投票开始前,每天校长都会通过广播告知投票的日程,不少学生也会到各个班级进行投票宣传。教师们也会将投票的意义告知学生,并且再三强调投票代表的是个人意愿而非父母朋友。投票当日,学校专门设置了投票区,每个班的学生在教师的带领下按照日程到投票区投票。投票等候区还有身着专门服饰的教师和学生进行接待。进入投票区,每个学生都有权利为自己支持的候选人投票。当所有投票都结束以后,全学区还会将每个学校的投票数据进行统计,然后通过广播在全学区统一公开投票结果。随着模拟投票获胜方的欢呼声,学生们的爱国情感也得到进一步加强。

在日常教学中,许多教师们还努力让学生明白,每一个人都肩负着对社会负责的重任,对他人负责也就是对自己负责。在希尔顿黑德岛小学一年级的心理行为课程里,有一个名为"If you see something, say something"(如果你看见了请说出来)的单元。在这个单元的学习里,指导教师讲述了很多有关暴力行为的案例和反对暴力的方法。在授课接近尾声的时候,教师严肃地告诉学生:"我们每一个人都负有反对暴力的责任,不论是在家里还是在学校,或者在其他场所。不管暴力行为有没有发生在自己身上,一旦自己知道了就一定要告诉可以信任的成人,包括父母和教师。"不过相对于中国提得更多的"见义勇为",这位教师更推荐孩子们通过安全的方法告知成人。同时,这位教师还告诉班上的孩子:"只有说出来,才能保证自己不会成为最后的受害者。"最后这堂课就在孩子们"see something, say something"的诵读声中结束。

二、考试制度

说到考试制度,大概是中国教育最受诟病之处了。为了在各种考试中脱颖而出,不论是教师还是学生,甚至学生家长都全力以赴地把各自的重点放在考试技能的培养上。即使进入了大学,很多学生的学习目的似乎仍然只是为了通过考试,教师所讲授的内容是否与考试相关,成了不少人学习的唯一动力。笔者曾在本书前言部分提到,习惯了死记硬背的学生对于主动参与课堂学习缺乏热情,甚至可以用冷漠来形容。更让人气馁的是,教师们在教学中却不得不进行妥协,为了吸引学生的注意力而不停地以考试范围或者重点考察内容作为诱饵。这在无形中造成了教师们一方面在理论上大张旗鼓地进行各种教学方法和教学理论的科研,另一方面却不得不在课堂上进行填鸭式的知识灌输。中国的教育似乎也由此进入了一个死胡同:理论与实践无奈分离,理想与现实背道而驰。

这样的结果便是,中国的学生在适应了应试教育制度以后,对自己的考试技巧沾沾自喜的同时,却不知不觉成为了只会"复制粘贴"的学习机器,直到进入社会以后才发现自己其实一无所知,再回过头来责难那些年接受过的教育。正如南怀瑾先生在《亦新亦旧的一代》中所提到的:"一考上中学,小学读的书就等于白费。考上高中,初中的书是白读了。考上大学,中小学的书等于无用。大学毕业以后,踏进社会各阶层来做事,无论如何专门,也会感觉到所学与所用,完全毫不相干。"

笔者去美国之前,也曾听过很多人谈及美国的中小学教育制度以及美国学生的校园生活。人们在言辞之间流露出来的羡慕之情莫过于对于没有考试压力的美国学生学习的自由与快乐。不过事实却并非如此。美国的公立学校其实也有着五花八门的考试。这其中既有正式的标准化统一测试，也有非正式的随堂测验；既有周考，也有月考。有时甚至学前班的孩子也不得不加入其中。

在这些考试中，不论对于学校还是学生，最重要的要数各种标准化统一测试了。所谓标准化统一测试，就是由联邦、州或者学区统一制定的考试。标准化测试的推行很大程度上源自小布什政府提出的《不让一个孩子掉队》法案的教育改革提议。该法案的提出旨在提高美国基础教学质量，缩小不同种族学生之间的学习差异，促进公平教育。议案于2002年1月8日正式通过审核，要求每个州在数学和阅读科目上制定并实施具有挑战性的学术标准，并且每年对三年级到八年级学生的阅读和数学科目进行测验以测量他们的进步。同年颁布的《中小学教育修正法》首次要求美国各州必须实行统一考试，并提出以考试成绩作为衡量学校教育质量的标准，连续两年不达标的学校或地方必须采取措施提高成绩，否则联邦教育部将扣减其联邦教育拨款。

这一议案的通过及实施对美国基础教育产生了重要的影响。根据《不让一个孩子掉队》法案的要求，从2004—2005学年开始，全美三年级到八年级所有在读学生每年必须接受各州政府的阅读和数学统考。随着法案的实施，各种标准化测试也应运而生，根据使用范围可分为联邦标准化测试、州立标准化测试以及学区标准化测试，其中在中国知名度最高的要算世界各国高中生申请美国大学入学资格及奖学金的重要参考——SAT测试了。近年来，美国大学预科课程AP(Advanced Placement)考试也逐渐广为人知，不少中国的高中也为学生提供了参加美国AP考试的专门学习课程。

随着《不让一个孩子掉队》法案的推广，标准考试的结果对于各方也产生了深远的影响：对学生而言，理想的考试分数能够增加日后进入天才班的机会；对学校和学区而言，考试成绩是学校教学质量的重要证明，也是申请教育经费最重要的砝码之一。尤其在美国公立办学经费不足的情况下，标准化测试的考试结果对于各个学区和学校更是意义重大。根据《不让一个孩子掉队》法案的要求，各州需要在州内建立针对所有公立学校学生的责任体系，每个学校承担着让本校就读学生阅读和数学能力达标的重任。从 2005—2006 学年开始，各州每年都要组织所有三至八年级的学生参加阅读和数学两科的州立标准化测试，连续两年测试结果没有达到标准的学校或学区就会被认为需要对教学进行改进，需要同学生家长、学校教职工以及其他教育专家一起制定整改计划，提高学校的教学质量直至达标。有时为了激励教师带领学生取得好成绩，有的学校甚至将统一化测试的结果作为考核教师年度教学质量的参考标准之一。这也让不少美国公立小学迫于各种压力不得不开始转向应试教育，让班上的学生熟悉考试题型并练习考试内容以便在标准化测试中取得更好的成绩。这样做的结果在一定程度上造成了美国基础教育从“以兴趣为主”向“教育达标”教育模式的转变。

标准化测试不仅让学区和学校相关人士不敢掉以轻心，也把不少学生家长弄得神经紧绷。由于美国的标准化测试名类繁多，不同年级学生参加的标准化测试类型还各不相同，有时没有经验的家长常常会被这些测试弄得不知所措。为了不让家长们被名称各异的考试弄昏头脑，学区通常会在校历上将各类标准化测试的名称、考试时间以及对应的学生年级一一注明，以便家长能够明确自己孩子需要参加的考试并做好各种后勤保障。与此同时，不少学校为了让学生们以最好的状态参加考试，不仅会开考前动员会为学生加油鼓劲，还会号召学生家长在家里做好学生的后勤保障。在考试期间，校方甚至还会要求不参加考试的学生尽量保持安静，以免影响考生的考试情绪。

那么具有如此重要意义的美国公立学校的标准化测试究竟是什么样子的呢？他们的标准测试和我们熟悉的国内统考又有什么区别呢？下面笔者就以众多标准化考试中的一种 MAP(Measures of Academic Progress) TEST 为例做一个简要的介绍。

美国的标准化测试既有笔试，也有机考。MAP TEST 则是机考中的一种。考试的学生只需在与自己姓名相对应的电脑上进行测试即可。笔者之所以选择 MAP TEST 作为例子，是因为 MAP TEST 是美国几乎所有 K－12(幼儿园到 12 年级)公立学校在校学生必须参加的标准化测试之一。MAP TEST 的主要目的是对学生的学习能力、学习者个体在不同年级、不同学期的学习发展情况以及学生现有学习能力在全学区同年级学生中所处的位置进行评估。因此，学生面对的试题也会根据学生上一题的回答情况自动生成匹配学生当前水平的下一考题。MAP TEST 结果以 RIT 量表来体现学生个体在学业上的成长数据。这些个性化数据为家长和教师制定适应学生个体的学习规划有着重要的意义，其不仅可以帮助教师和家长对目前的教学进行反思，还可以帮助教师和家长根据客观数据分析学生的学习情况，并且为学生量身定制学习方案，实现区别化教育。关于 MAP TEST 的成绩记录，本书的第三部分还会有相关的细节描述，在此就不详述了。

MAP TEST 的题库是根据美国国家课程标准、各州州立标准以及上文曾提到的 IB(International Baccalaureate)课程标准创建的。考试科目包括语文(阅读和语言综合运用)、数学和科学，每天进行一个科目，完成整套考试需要一个星期的时间。每次考试的时长并没有严格的要求,教师会给学生充足的时间直到学生完成所有题目。MAP TEST 会在每学年的秋季、冬季和春季各进行一次,考试结束后校方会对年级成绩进行分析,教师也会就班上学生的考试数据与家长进行一对一的座谈会,讨论、分析学生的学习情况。

在参加 MAP TEST 的同时,三年级及以上年级的学生还需要接受其他的标准化学术考试。这些考试相对于主要专注学生个人学习能力发展的 MAP TEST 来讲更具有选拔意义,因此也更加受到重视。每个州都会根据实际情况选取适合本州教育情况的标准化测试。有时学区会在考试前将各个学校的校长或者副校长召集在一起,对这些考试作相关说明并进行针对性学习。这些校长或者副校长则会在会后向学校教师们传达会议精神,确保年级教师透彻理解这些标准化测试的要求和内容。

为了让学生放松心情,调整好状态迎接考试,各个学校也会对即将参加考试的学生做考前动员,鼓舞士气。不仅如此,校长或者副校长还会在考试当天通过学校广播为考生们加油打气,同时提醒不参加考试的学生尽量注意保持安静,为参加考试的学生创造良好的考试环境。这些考试同样会持续好几天,考试结束后,校方通常会安排一些小小的庆祝仪式来慰问连续几天参加考试的学生。

标准化测试并不是美国公立学校的学生参加的唯一考试项目。对于在公立学校就读的孩子们来说,各种随堂性质的周考和月考也并不陌生。不过与标准化统一考试相比,学校里的周考和月考就轻松了许多。就周考和月考的性质来说,可以分为形成性测试和总结性测试。总结性测试类似于中国学校的期末考试,主要是检验学生的学业是否最终达到了各科的教学要求,其考试形式也多以卷面测试为主。所谓形成性测试则是通过观察学生日常学习过程中的表现、情感、态度、策略等方面的发展所做出的评价,其目的主要是激励学生学习,通过获得成就感增强自信心,最终成为主动的学习者。

就笔者个人的体会而言,相对于总结性测试,美国公立学校的教师们会更加看重形成性测试。这种穿插于教学过程中的测试,可以通过学生对知识的掌握情况和能力发展进行评价,为教师提供教学反馈,便于教师随时调整教学策略,以提升教学效果。年级教师们也常常聚在一起讨论和设计每一个单元教学的形成性测试。那些张贴在教室外墙上以及放置在学生档案袋里的,大多都是已经完成的形成性测试作业的成果。

三、教学信息化

从1996年克林顿政府开始全面推进基础教育信息化至今,美国历届政府一直非常重视推进学校教育的信息化建设。虽然面临资金短缺的困扰,但在各方的长期支持下,美国公立学校的教育信息化建设还是取得了显著的成效。除了为学校配备教学所需的电脑、因特网、各种多媒体教学设备以外,美国政府还大力推广数字化教学资源的建设,推进学区信息化管理进程并开设增强学生信息素质的信息技术课程。

互交式智能白板是近年来美国学校课堂教学信息化发展的代表之一。所谓互交式智能白板,是由与电脑或者其他多媒体设备相连的智能板以及投影机一同组成的大型触摸屏,教师使用与之配对的电子笔控制智能板上的影像进行教学活动。由于这种智能白板具有极强的参与性和互动性,受到了教师和学生的喜爱,不仅开发商设计了适用于这种智能白板的数字教学软件,很多教师也自行设计了适用于智能白板教学的各科课件,并上传到特定网站与其他教师分享。

随着信息技术的进一步发展,越来越多的商业公司开始为美国的公立学校提供各种用于教学的数字化学习设备以支持本国基础教育事业的发展。学区每年也会花费大量经费购买各种网络数字学习资源,供学生和教师免费使用。在希尔顿黑德岛小学,除了互交式智能白板,每个教室还有供学生进行网络学习和模拟标准化测试的电脑。近年来各种装载学习软件的便携式电子设备进入了教室,成为学生们日常学习的一部分。虽然现在平板电脑已经不再是什么新奇事物,但是能在学校里拥有并且使用这样的设备还是让学生们兴奋不已。

除了为学生们提供装有各种数字化学习资料的移动学习终端以外,学校还开设了相关的信息技术课程,培养学生在信息时代利用信息技术发现并解决问题的能力。在这些课程的学习中,学生不但会了解有关信息技术的知识,还需要通过实际操作完成各项任务。学生在完成任务之后的最终成果,也会在适当的时候进行展示。

为了切实推动教学信息化发展,学区和学校还会定期对教师进行信息技术培训,并请专人对新引进的教学软件或者数字化学习资源的操作和使用方法向教师们作详细的讲解,确保每位教师不仅知道如何使用这些数字化学习资料,还能通过使用数字化教学软件,获得相关数据来了解学生的学习情况,进行区别化教学。在完成相关培训后,这些负责讲解的专业人员还会留下自己的联系方式,鼓励教师与开发方或者设计者就使用心得进行交流和沟通,促进教学软件能够进一步更新和完善。

即使如此,不少教师对于信息化教学还是持批评的态度,首当其冲的是有关平板电脑使用的争论。随着信息技术的发展和数字化设备的推广,各种平板电脑也更加普及。这些集娱乐休闲和学习为一体的移动设备凭借其高度的互动性和鲜艳明丽的色彩,对孩子们产生了极大的吸引力,而不少家长也把平板电脑作为礼物送给孩子。不少教育界人士却指出,长时间使用平板电脑不仅会给少年儿童尚未发育成熟的视觉系统带来伤害,还可能对孩子的思维方式、性格发展带来负面影响。再加上孩子自控力普遍不强,往往会过度沉溺于游戏之中,这些都与学习的初衷背道而驰。笔者不少美国同事也对此忧心忡忡。在一次朋友聚会中,一位校长看着捧着各自平板电脑的孩子们无不担心地说,她非常忧虑这些孩子长大以后的社交能力。在场的另一位副校长也表示赞同,她说以前孩子们聚在一起会想出各种游戏一起玩耍,而现在却都专注于电脑游戏,连语言交流都很少。这位副校长甚至对于学区为学生配备平板电脑的做法也表达了不同的看法。她认为对于多数学生来说,这些电子设备并没有起到辅助学习的作用,而学区每年花大价钱购置的学习软件往往成了这些移动设备的桌面装饰。

虽然这位副校长的话有点夸张,但这也确实是令学区非常头痛的一件事情。每年学区都会通过校方敦促教师和家长尽量让学生使用各种学习软件,然而收效却不尽如人意。除了部分学生在家坚持使用以外,这些学区提供的免费网络学习资源几乎处于闲置状态。即使在学校,教师们要求每位学生花费一定的时间使用计算机网络学习,有不少学生尤其是低年级学生也仅仅是在电脑前待够指定时间而已,至于在电脑前学习的内容教师根本无暇顾及。有教师指出,这些虚拟的教学互动软件虽然能在一定程度上激发学生的学习积极性,但却无法像传统教学一样可以让学生们经过自己动手探索、通过与实际事物的接触得到对于真实世界的更加形象的感知和体会。

除了关于使用平板电脑等电子设备的争论,各种来自不同网络开发商、看似名目繁多却实质相差无几的网络教学平台培训也让教师们叫苦不迭。有时刚刚熟悉了这个平台的界面,又被通知需要学习使用另一个网络平台。虽然这些网络平台目的都是为了增加教师间的资源分享、师生间的互动以及帮助家长更好地了解学校的教学情况,但不得不说理想转变为现实需要的是各方的努力和配合。残酷的现实是,由于重复建设,不少网络平台最终只停留在完成注册的阶段,一些教师精心设计的网络分享平台也因为缺乏来自学生或者家长的支持而最终荒废。此外,因为电教设备故障而导致教学无法正常进行、制作适用于智能白板的课件所花费的时间和精力等也都让教师们抱怨不已。有教师认为与其把精力花费在设计这些花哨的课件上,还不如让教师们更好地熟悉各种教材和教学大纲。

四、校园多元文化的建设

校园文化建设是美国每个学校都非常重视的一个部分。众所周知,美国是一个由移民构成的多民族、多种族的国家,在美国公立学校就读的学生也都来自五湖四海。文化多元性也就成为美国教育的重要组成部分。很多学校为了标榜自己的开放性和国际性并获得来自少数族裔家长的信任,常常需要通过对校园多元文化的建设,来显示学校对成长于不同文化背景的学生的尊重。例如,在笔者刚到希尔顿黑德岛小学时,校长就迫不及待地向笔者展示了学校大厅墙上挂着的中国地图的拼图。与此同时笔者也注意到了在拼图对面的墙上挂着好几个时钟,分别显示着世界各地的时间。沿着大厅往里走,还能看见用中文、法文、西班牙文、日文、韩文以及英文标志的招呼语。

当然光有这些形式上的东西显然是不够的。美国公立学校的教师们还会被要求在日常教学中引导学生认识、接受和学习文化的多元性,理解不同文化中人们的生活习惯和宗教信仰等。尤其是当班级里有来自少数派信仰或者不同文化圈的学生时,教师大都会因势利导地让这些学生向其他学生介绍自己熟悉的文化和习俗。在这一过程中,教师并不会强迫学生接受不同文化的差异,对于那些对陌生文化感到害怕的学生,教师会鼓励他们至少体验一次不同文化带给自己的感受。不过不管学生是否愿意对异质文化进行体验,教师们都会提醒学生对来自不同文化的事物保持足够的尊重。

在慢慢熟悉了美国公立学校的教学之后,笔者也逐渐明白了美国公立学校努力提倡文化多元性的另一苦衷。在希尔顿黑德岛小学教学时,笔者时常会听到一些小学生开着一些或许连他们自己都不理解的带有文化歧视的玩笑,且大多都指向美国的少数族裔。在现实中,来自少数族裔的孩子也更容易成为被校园恶霸欺凌的对象。为了避免这些少数族裔的学生在学校中受到身心伤害,让更多的孩子理解多元文化,认识到各种文化都有其存在的重要意义和特点非常有必要,美国不少公立学校也不遗余力地开展各种促进孩子们了解多元文化的教育活动。

例如,为了保持校园文化的多样性,也为了激发学生的族裔自豪感,希尔顿黑德岛小学就鼓励来自少数族裔的学生们多多学习自己的母语文化,成为自己母语文化的代言人,还专门设立了母语文化日。在母语文化日这一天,学校的教师和学生都被允许穿着代表自己母语文化特色的服装来到学校。为了激发学生对于母语文化的自豪感,教师们看见身着特别打扮的学生都会与之交谈,询问这些打扮的意义和来源。

不过也有教师对此不以为然。出乎意料的是,这些对公立学校母语文化节嗤之以鼻的教师大多有着多文化的成长背景。按理说他们对此应该更为热衷和支持，然而在这些经历了文化磨合的教师看来，其实很多美国人并没有真正地从内心接受自己文化以外的其他文化，更不用说去认识和理解其他文化了。一位有着墨西哥血统的美国籍教师就在与笔者的交谈中毫不掩饰地指责美国人的自大和无知。在她看来，美国人故步自封的优越性也正是他们的愚昧之处。她说："你根本不要期盼美国人在真的欣赏和认同你的文化，他们不过为了满足自己猎奇的心理而已。"虽然这话听起来有些偏激，但也反映了不少生活在美国的少数族裔人的心声。

让更多的美国人了解真实的世界，也是美国教育界不少有识人士提倡多元文化教育的原因之一。在希尔顿黑德岛的两年时间里，笔者也渐渐感受到了那位有着墨西哥血统的教师所提到的，美国人无缘由的自大和对异文化的无知。从好的方面来说，很多教师和学生看见笔者，都会用中文"你好"主动和笔者打招呼，遇见有中国元素的东西也会带来向笔者询问。不过还有一些带着好奇的询问，却多少透露了美国人对于外来文化的了解和认同还处于比较落后的阶段。例如笔者刚到黑德岛的时候，不止一位美国人在看见笔者使用的手机以后惊呼："啊，中国也有手机吗？你在中国也用手机？"虽然这些话语并不一定带着恶意。后来在与同校的另一位美国教师无意中谈起同样的话题时，这位教师也毫不忌讳地指出大多数美国人除了美国本土文化外，其实对世界的多样性一无所知。

五、精彩纷呈的校园体育文化

相信很多人对美国大学校园传统体育氛围并不陌生，每年的美国大学生职业橄榄球联赛和篮球联赛更是能吸引数以万计的观众和支持者。很多在世界享有很高声誉的美国大学也通常有着与其学术能力相当的体育实力。这些名校也通过无数的体育比赛和奖项增强了学生的荣誉感以及凝聚力,并且获得了更高的社会关注度。体育也是打开美国人话匣子的良药,一般来说,首先夸夸对方大学的校队,你在对方心里的好感度就能直线上升。正因为如此,体育在美国人的日常生活中也占有十分重要的地位。很多美国社区都有供社区内居民免费使用的健身房、游泳池、篮球场或者网球场等运动设施。平日里美国人也大都有自己的健身计划,到了周末更是亲朋好友们一起运动游乐的最佳时间。

不过不要以为体育文化仅仅存在于美国的大学校园,精彩纷呈的体育文化绝对是美国各级公立学校不可或缺的组成部分,各种浓厚的体育传统在美国的中小学也不例外。很多学区都会定期组织辖区内的公立学校进行体育比赛,其中最高阶的要算高中之间的比赛了。在高中体育比赛中表现出色的队员,还可能在申请大学时得到不少加分,因此高中生的比赛在美国也受到了广泛的重视。

在博福特学区的高中体育比赛中,最受重视的要算高中男子橄榄球联赛了。有一次,笔者在上课的时候被别班的教师叫到门口提醒说:"待会希尔顿黑德岛高中男子橄榄球队的队员要来学校,记得把学生们组织到教室门口为这些队员加油鼓气。"大概15分钟以后,全校的师生都已经列队站在教室门口了。这时高中橄榄球队的队员以及啦啦队盛装来到小学部,和他们的小粉丝一一击掌握手,并在整个校区进行游行。

此时,小学部的孩子们早已按捺不住激动之情,跳跃着高呼加油。后来笔者了解到,这是每年希尔顿黑德岛高中在博福特高中男子橄榄球联赛开始前的传统。因为有着自己的小学部和初中部，希尔顿黑德岛高中男子橄榄球队也就有了自己天然的拥趸。为了振奋士气，队员会在比赛前组队来到小学部和初中部接受自己粉丝的欢呼和祝福。这些队员里有不少都曾在小学部就读，因此教师们对他们也是格外支持，有时还不忘记给自己曾经的学生一个热情的拥抱。而这些高中的半大小子们对此也是十分享受和自豪，走起路来气宇轩昂，完全不输那些职业联赛里的队员。

笔者留任的第二年，恰逢希尔顿黑德岛高中在男子橄榄球联赛上创下了历史性的连胜纪录。在这段时间里，希尔顿黑德岛高中男子橄榄球队也成了当地媒体争相报道的对象，队里的明星球员更是成为众人追捧的偶像。这样的佳绩也激发了当地民众去现场看比赛的热情，笔者不断地受到当地教师的热情邀请，也有幸前往现场目睹了这些高中生在体育场上的风采。

到了现场以后笔者才发现，这根本不像想象中的高中生比赛那么简单。从比赛的宣传到后勤服务，俨然是职业联赛的流程。赛场外有专门的停车指示牌，场内啦啦队早已在场边整装待发，负责发放宣传资料以及兜售各种食物和饮料的人员忙碌地穿梭在人群中，各司其职。人们一面密切地关注着场上的比赛形势，另一面也不忘记和周围人群的各种社交活动。对平日里忙于工作或者家庭事务的美国人而言，聚在一起看体育比赛是他们最佳的社交选择之一。在闲聊中令笔者觉得有趣的是，让美国家长头痛的不是为孩子选择哪一个补习班，而是加入哪一个运动俱乐部。

在这样的氛围下，孩子们自然对体育充满了热情。如果问及一个美国学生的目标时，相比于国内孩子们死盯的各种名牌高中和大学，这些美国孩子中的很多人会毫不犹豫且自豪万分地告诉你，他（她）要加入某一个体育社团,会和谁成为队友。笔者班上有一个壮壮的小男孩就曾激动地告诉笔者,他的最高目标是在明年实现"TOUCH DOWN"(美式橄榄球的触地得分)。

第四节 美国公立学校的办学经费

办学经费一直是让美国公立学校校长感到头痛的事情。办学经费不足已经成为影响美国很多公立学校教育质量的一个不可忽视的客观存在。由于美国公立学校的经费主要是依靠各级政府的财政税收,因此学区所在地区的经济发展水平在很大程度上就会影响该学区公立学校的办学质量。因此,位于经济条件较差地区的学区和其管辖下的公立学校办学条件并不理想,有的学校甚至不得不安排学生们在临时教室上课。这些教室大都没有配备基本的电教设备或是空调设施,上课条件对于师生们来说非常的严苛。其中的一些学校甚至没有足够的生源,更不用说拥有高质量的教师队伍了。客观地讲,笔者所在的学校及学区虽然算不上顶级配置,但其教学环境和条件也都还是不错的。一些在其他办学条件相对较差的学校执教的教师对此也毫不讳言地表示了自己的羡慕。

美国很多公立学校在努力维持正常教学活动的同时,都不得不面对经费紧缺的现实。虽然美国公立学校每年都会从学区得到来自联邦政府、州政府以及地方政府的教育固定拨款,但在各个学校负责人看来,这些拨款相比于学校的开支来说仍是远远不够的。因为除了这些固定的财政拨款以外,美国公立学校几乎再无其他固定收入。为了解决学校办学经费的问题,各级政府和美国教育部还提供了各种教学项目供学校申请。校方也会绞尽脑汁地申请各种额外的补贴,例如鼓励符合条件的学生家庭申请午餐补贴和贫苦资助,鼓励教师们争取各种项目的教学资金等。

学校有时也会收到一些来自社会各界的捐款。为了支持学校的教育,各个学校的家长委员会都会不时地号召学生家庭自愿向学校捐款。因此,虽然在美国的公立学校就读几乎是免费的,但是有条件的学生家长都会不定期地向学校捐款以资助本校的教育发展,学校的教师们也会常常以义卖或者自愿的形式为学校捐款,有时学生和教师还会把从学校举办的各种集体活动中获得的门票收入以及义卖收入也捐给学校作为发展基金。虽然这些募集而来的款项数额并不多,但却代表了学校师生的心意,正合了中国那句古话"礼轻情意重"的意思。

那么美国公立学校每年都有哪些花费呢?除了维持包括特殊教育在内的各种教学项目以及教职员工薪资补助的开销外,美国公立学校每年有很大一笔经费要花在教学耗材上。这些教学耗材既包括供教师使用的教学用品,也包括供学生使用的学习用品。在美国的公立学校就读,学生家长既不用担心学生的学费,也不用顾虑所需的教材。通常来讲,各个学校都会为各年级的新生准备好必要的教材。在美国公立学校使用的教材可分为消耗性和非消耗性两种。所谓消耗性教材,是学区允许学校每年可以进行续订的教材,也就是可让每个年级的学生使用并在学年结束后供学生个人保存的教材;另一类非消耗性教材则是学区一次性购入以后不再续订的教材,这也就意味着这些教材需要学生们循环使用。为了节省经费开支,校方对于非消耗性教材的使用都非常谨慎,并且要求使用此类教材的教师对教材进行尽可能长时间的保存。每学期开学前和期末,校方相关负责人都会要求教师对所使用教材的性质进行确认,以降低非消耗性教材的损耗。在实际教学中,教师们也会提醒并且要求学生们在使用此类教材时特别注意保证教材的完整和清洁,以保证下一学年的学生可以继续使用。

美国公立学校的另一项重大开销是学校每年为教师们提供的用于布置教室以及教学设计时使用的各种耗材,比如最常被教师们用于装饰教室外墙的各色纸张。这些耗材通常摆放在教师工作室供教师们随时取用。另一些特定的教学用品则需要和学校负责管理这些用品的行政人员联系,或者向学校提出购买申请,比如订书机、胶带等。美国的学区每学年都会给予正式教师一定金额的采购费,让教师用于购置教学用品。能够获得补贴的教学用品都详细地列在教师用品采购清单里,教师只要参照清单给出所需的型号、颜色和数量,学校财务处就会帮助代购。很多时候受到时间和备选物品种类的限制,教师会选择自己去商店购买。由于经费吃紧,学区不得不要求教师们节约使用各种教学用品,尤其注意不要因使用不当造成浪费。但是即使这样,各种常规教学活动以及教室布置的耗材需求量还是让学校大为吃紧。为了补贴学校办学经费,美国很多商家都在自己的商品上印上特别的印花,集齐一定数量的印花就可以为学校用品的采购换取相应的折扣,所以很多学生都会把自己平时收集的印花在指定时间带到学校供学校大规模采购时使用。

除了日常耗材,各种学术会议、人员培训、物资管理、设备维护等各项支出也是美国公立学校每年不得不面对的巨额花销。为了最大限度地保证学校教学质量和学校正常运作,校方管理人员,尤其是校长,每年都会想方设法地吸引更多的办学资金。吸引生源是获得更多政府资助最直接的方法,因此,校方都格外重视每年的学校开放日。校长不仅会邮件提示所有一年级教师展示出最好的课堂教学,还会亲自为准新生家长们进行有关学校特色教学的讲解并回答家长们的问题。

第五节　美国公立学校的家长参与

由于美国公立学校的办学经费主要来自联邦以及各州的税收，学生家长作为纳税人，对于学校经费的使用和申请都享有受法律保护的监督和建议权利。美国的学校以及学区必须向家长负责，因此，学校、学区与家长的联系非常紧密。不仅如此，美国相关教育法律政策也对家长享有的参与学校教育管理的权利、义务和责任进行了明文规定。美国家长对学校事务的参与也已经成为美国公立学校的特色传统之一。美国家长和学校的互动是全方位的，家长们不仅会参与学校事务的决策过程，对学校事务行使监督权和建议权，还会作为志愿者直接参与学校的教学活动。为了便于家长参与学校事务，美国公立学校会尽量让自己的办学公开化和透明化。

事实上，来自各行各业有着丰富人生经历的家长对于教师们来说也是一种特别的教学资源，特别是当学生家长有着与教学单元知识相关经验时更是如此。这些有着丰富经验的家长，常常受邀作为"一日教授"为学生们献上特别的课堂教学。对于教师们来说，家长志愿者有时还是理想的得力助手，他们不仅能在课堂上协助课堂活动、进行课堂管理，还能在外出活动时提供必要的监护人帮助。按照美国的相关法律要求，学校在组织未成年人进行外出活动时，必须按一定的人数比例配备足够的成年监护人，如果监护人数量不足，活动只能取消。因此，每次在组织外出活动前，教师在获取家长许可之时，也会向家长发出担任学生外出监护人的邀请。

不过也不是所有的家长都愿意参与到学校教学活动之中，比如一些参加特殊教育的学生家长有时就不愿意直接参加到学生的教学活动中。以最为常见的多动症学生的教学为例,多动症是儿童期最为常见的一种心理行为障碍,主要症状表现为注意力缺失、自制力差以及行为过于活跃等。这种心理行为障碍如果得不到及时的控制和治疗,不仅会影响患者的学习和生活,而且还会给家庭、学校和社会造成极大的伤害,严重的甚至可能导致患者成人以后发生反社会行为。因此,美国从小学起就非常重视对此类心理行为障碍的治疗。在现实生活中,很多多动症患者会因为无法控制自己的行为而感到十分痛苦、沮丧甚至引发暴躁行为。为了防止消极情绪或行为障碍影响学生的健康成长,校方大都会推荐家长积极配合指导教师一起对患有多动症的学生进行心理和行为矫正治疗,以便尽早控制病情并且改善患者的情绪和行为。由于这种行为矫正通常需要得到监护人的许可,因此,在制定行为自律规范以前必须召开家长、班主任以及辅导教师的三方会谈。只有在得到家长对矫正方案的认可以后才能予以实施。不过有时却事与愿违,并不是所有的家长都愿意接受这样的矫正方案,甚至不愿意让孩子接受自己患病的事实,有的家长则担心过早地接触药物会影响孩子的正常发育而不愿意让孩子接受治疗。如果三方会谈顺利且所制定的行为规范被家长接受,治疗就可以开始了。在行为矫正期间,指导教师会定期与接受行为自律规范的学生进行单独谈话,并且向班主任以及学生家长汇报学生治疗期间的行为状况,根据学生的行为表现适时地调整自律方案以达到最好的治疗效果。

当然,家长参与学校教育活动也不仅仅限于学校内。对于校方来说,家长更重要的参与方式是在家里配合学校的教育,例如监督家庭作业、陪同阅读书籍、协助科研活动,使用学区提供的学习资源等。除了对于学业的配合,校方还非常希望家长能在家里给学生树立良好的榜样,并且能够正确引导学生消除对学校生活的负面情绪。根据大量研究的成果显示,家长的陪伴和良好的家庭教育对于学生成长尤其是健全人格的培养起着十分重要的作用。越来越多的人认识到,青少年全面成长并不仅仅是学校和教师的责任,必须提高家长对学生进行家庭教育的意识并有效提升家庭教育的质量,为此,美国的公立学校积极推进各项措施以帮助家长参与到学生的基础教育中来。不过这些措施在教师们看来,似乎并没有起到实质性的作用。很多人在指责学校教育质量下降导致美国中小学生读写能力下降的时候,美国公立学校的教师则认为对于这样的状况,家长有着不可推卸的责任。在这些教师看来,一些家长把教育完全视为学校和教师的责任,孩子回到家以后就变成了"couch potato"(电视迷)。"对于这样的家庭环境,你还能期望什么?"一位教师在谈到这个话题时愤愤不平地说道。

在美国,家长参与学校活动的另一途径是召开家长委员会。家长委员会,顾名思义,是由学生家长代表组成的委员会,是为了保证学生及其监护人合法权益的志愿者组织。

美国学校的家长委员会除了享有代表学生监护人行使学校教育参与权以及学校管理权外,还肩负着诸如为家长提供必要教育并且对学校教育进行资助等重要责任。通常校方会设有专门的负责人与家长委员会进行定期沟通,听取来自家长的信息反馈,然后由家长委员会向家长传达学校有关教学的安排准备,征求家长的意见。

有时家长委员会还会努力协调家长与校方的矛盾,力争做到既维护家长的合法权益,又保证学校的正常教学。说到底,家长委员会的根本目的是为了保障自己孩子的学习权益,很多家长为了能使自己的孩子有更好的学习环境,都会加入家长委员会并利用自己身边的资源为学校的发展提供帮助,也就是我们常常说的"有钱出钱,有力出力"。

在对学校工作进行监督和提出建议的同时,家长委员会还常常会在学校需要义工时提供帮助。比如在学校举行晚会或者游园会时,来学校参与活动的家庭通常会全家出动。为了迎接学生和学生的家人,学校的教职员工们常常会忙到无法顾及吃饭。这时家长委员会就会号召开餐厅的家长为学校提供物美价廉的食物,既提供给教师,又提供给学生家庭,还能为学校募集到一定的资金,一举多得。有时为了募集更多的资金,家长委员会也常常发起一些慈善义卖活动。这些活动既有学校范围内的,例如在学校向学生和教师义卖早餐;也有面向社区的,比如号召当地某个餐厅将某一天某个时段的收入捐给学校等。

作为家长委员会的成员,很多家长代表也有着无处可诉的烦恼。其中最痛苦的要算得不到其他家长的有力支持。正如上文提到的,家长委员会的负责成员主要来自家长志愿者。这些热心的家长为学校和其他学生提供的服务基本都是无偿的。不仅如此,每一次活动从策划到准备到完成,都需要家长委员会的成员付出很多心血。因为人手短缺,家长委员会也常常会在活动前发出倡议,号召其他学生家长积极加入到家长委员会的活动中来。然而这些倡议并不是每一次都能收到热烈的反馈。虽然学生们参加活动的热情都很高,但由于各种因素的影响,真正能提供援手的家长并不多。很多时候各项繁重的准备和善后活动都落在了少数几名家长肩上,对此这些热心家长也非常无奈。其中一位家长委员会成员曾经对我说,因为响应家长委员会号召的家庭越来越少,她决定在她的女儿明年升入初中后就不再担任家长委员会负责人的工作了。这位家长因为性格好在学校里的人缘也非常好,热情的她几乎每天都在学校忙里忙外。但是得到来自家长方面的支持和响应却越来越少,势单力薄的她也觉得越来越难以支撑。她笑着对笔者说,她的丈夫希望她能将一些时间花在工作上,因为家里的公司也很需要人手,但是因为自己的女儿在这里学习,所以也希望能让女儿就读的环境尽量好一点。我问她是否会跟着女儿升到初中的家长委员会,她耸耸肩表示再议。从她的表情上不难看出,5 年家长委员会负责人的经历的确让她感到十分疲惫。

第六节　美国公立学校的文化教育

其实真的很难用好或者不好来对一个国家的教育下定论。中国的教育如此,美国公立学校的教育也是如此。不论是教育体制、教学模式,中美也都各有其长,笔者并不想对此一一比较。之所以特别另立一节,是想谈谈笔者所感受到的、几乎渗透在美国公立学校每一处的美国式文化教育。

为何要提到文化教育?文化,从广义上来说便是人们生活的全部,它承上启下地连接着一代又一代人的生活,是一个民族存在的依托和精髓,也体现了一个民族的世界观、价值观和思维方式。文化学习不仅能够拓宽人们思维的广度和深度,更重要的是能增强民族凝聚力。当一个民族失去了对自我文化本源的认知和认同时,文化的存在与维系也就岌岌可危了。

或许有人会质疑,这个最初由来自欧洲的生活艰辛的农民、工人以及受到迫害的清教徒组成的移民国家有什么文化教育可言?确实如此,美国并没有类似“十三经”“二十四史”的文化书籍,也没有绵延数千年并影响深远的历史文明。然而就在这个仅仅建国 240 余年的国家,教育者们却不遗余力地对下一代进行着一种潜移默化的文化精神培育。因为美国教育者清楚地明白文化教育对于国家统一和民族发展的重要价值。高质量的文化教育不仅能增强国民凝聚力,还可以通过和平的方式瓦解来自其他民族的敌意。事实也证明了这一点,两次世界大战以来,美国政府对本国文化的宣传对于美国在全球范围内建立自己的领导地位起到了推波助澜的作用。

笔者在上文提到的美国公立学校的教师在日常行为、集体活动中对下一代所进行的文化精神培育,其实也就是所谓的美国式民主与自由。这种包含着美国式爱国主义文化精神的教育,让无数美国人从小就坚信美国即是正义,美国文化即是优越。在某种程度上甚至可以说正是基于这种信念,让这个原本由多民族组成的移民国家的国民意外地一致认同自己美国公民这一身份,并且将这种信念和文化带到了世界各个角落,让原本几乎无传统文化优势可言的美国反倒成了现今全球文化的主导者。从意识形态、思维方式到文体娱乐乃至日常消费,美国式的价值观几乎影响了全球各个角落。

就在美国文化强烈冲击世界各国之际,在追赶所谓的西方文明和科学技术的时候,把中国的学校教育强行纳入西方学制的系统,却遗忘了中国特有的文化教育,是不可取的。在中国现行的教育中,学校为了让自己的学生在千军万马中脱颖而出,为了让学生拿到进入高等学府的门票,学生不得不学习那些仅仅是为了应付考试的知识。然而,数十年前南怀瑾老先生就曾说:“知识并非就是‘学问’,人格的养成和国家民族文化精神的承接,并非有了知识就能成功。尤其对儿童教育来说,问题更为严重。因为我们现在所采用的教育方法,为了配合当前时代的需要,大体上都是传授知识和技能,并没有真正考虑到国家民族‘承先启后’的百年大计……距离中国文化的本位,愈来愈远了。”不仅如此,很多学者也都曾不止一次地指出,中国社会之所以能够在经历数千年后依然保持国家和民族的统一,在很大程度上就是因为高度一致的中华文化。

然而令人惋惜的是，长时间以来，中国的教育者迫于各种升学压力不得不把中华民族赖以存在的灵魂挡在了学校教育的大门之外。这样"实用性"的教育导致许多年轻人在最终顺利地实现"鱼跃龙门"以后，才发现自己头脑里根本没有属于自己的东西。更严重的是，由于文化教育的缺失，让这些数十年如一日埋头题海的天之骄子们对生养自己的文化的认知极度贫乏。加之近百年来西方居于社会经济发展的优势地位，让不少人盲目迷信自己一知半解的西方文化。随着全球化的发展，中西文化碰撞日益激烈。对中国传统文化的无知以及对西方文化的盲从，让不少年轻人出现了对自身文化及身份认同的认知困难症，有更甚者还由此产生了严重的心理以及行为问题。所谓十年树木，百年树人，如果中国的教育让作为未来希望的青年人失去了对中华民族文化的了解、认同乃至热爱，就如同树木失去了植根的土壤，又何来"为中华之崛起而读书"，又何谈以"教育"兴国？

可喜的是，近年来中国文化教育得到了越来越多的重视，许多中小学也开始重拾饱含中华文化精髓的国学教育。只愿这些方兴未艾的传统文化教育不是仅仅停留在穿汉服、行拜礼、诵经书的形式上，而是能让中国的青少年一代真正并且正确地认识和理解中国文化。

在基础教育以及高等教育中推行文化教育，不仅仅能让中国的新生代习得并掌握基本的生存技能，而且通过历史文化精神的学习让青少年增加自身修养、拓宽眼界，真正拥有深刻的思想和远大的抱负，并最终肩负起振兴中华的重任。

第三章　学生篇

在中国,很多学生都过着一种超负荷的学习生活。为了考上理想的学校,这些身体发育和思维活动都正处于活跃阶段的孩子们,却不得不起早贪黑地把自己埋在题海之中。除去每周一到周五从不间断的早自习和晚自习以及常常做到半夜的作业以外,各种安排于课后和周末的才艺班、补习班也是无穷无尽,各种能力等级考试也成为中国孩子日常生活的主题之一。不少家长虽然也很心疼孩子们小小年纪就背负如此重压,却又担心自己的孩子输在起跑线上。于是本该过着无忧无虑生活的孩子们,早早地便开始了“两耳不闻窗外事,一心只读圣贤书”的生活。

在去美国公立学校当教师之前,每当与友人谈论起这样的话题,总是不自觉地浮现出那些存在于脑海里的早已远去的求学经历,既感叹中国学生的不易,也惋惜他们错过的最天真快乐的童年时代。随着年龄的增长,虽然孩子们的各种才艺日渐精湛,但学习生活的弊端也日益暴露出来:或者早早地戴上了眼镜,或者对社会生活一无所知,其中一些人甚至离开了学校和书本就不知道该如何独自生存,不知道该如何与人交流,不知道该如何面对挫折。

这时人们又纷纷回过头来,指责中国的教育给孩子们带来了过大的压力,剥夺了孩子们在生活中学习成长的机会。不少人羡慕传说中没有考试和升学压力的美国学生,羡慕美国学生丰富多彩的校园生活以及放学后的各种社团活动。然而当笔者在美国待了两年以后,却发现美国学生也并不像国人想象中的那么无忧无虑,美国公立学校学生的生活同样充斥着各种各样的考试和学业压力。下面就让我们一起来看看美国公立学校学生的学习与生活情况。

第一节 美国公立学校学生的学前准备

美国学区实行就近入学制度,只要孩子的年龄符合当地学区的要求,就可以向选定的学校申请入学。由于美国公立学校会为就读的学生提供学习使用的教材,家长们在学生开学前只需购置一些常用的学习用品即可。每当新学年临近时,孩子们就会在家长的带领下去购买自己心仪的书包和各种学习用具。为了吸引更多的消费者,美国各大商店、超市甚至生产厂家不仅会推出各种在孩子中享有高人气的学习用具,还会针对这类商品提供特别的折扣,故而这段时间也被称为开学季大促销(Back to the school)。

相对于孩子们的欢天喜地,家长们在购物时就需要花费一点心思了。在美国,各个公立学校通常会根据学区的规定,在开学前为学生列出一份在校学习时所需的文具清单,并要求家长按照清单上罗列的物品进行采购。清单上的大都是常用文具,包括铅笔、橡皮擦、彩笔、剪刀、胶棒、笔记本以及文件夹等。在正式开学的第一个星期,学生会将家长按清单购置的文具用品带到学校,交给班主任教师进行统一管理,班主任教师会等到他们需要使用时再分发给班上的学生。

除了学习必需品，一些热心家长还会购买一些日用品供全班孩子使用，比如纸巾、洗手液、消毒水等。有的家长还会额外购买一些供孩子们在学校里加餐食用的零食，例如饼干、果汁等。当然这些额外的"赞助品"也会交由班主任教师进行统一管理。

完成采购任务之后，家长们还需要向校方以及新班级的班主任教师提供一些必要的家庭信息，包括监护人的联系方式、家庭住址、电子邮箱等。这些信息一方面是为了便于学校进行管理，另一方面也为了在发生紧急情况时能够第一时间联系到学生的监护人。

除了常规信息，美国公立学校还会要求家长在家长联系单上详细注明学生的家族宗教、既往病史、过敏史以及对于学生肖像使用的授权许可等。不要小看这些信息，这些由家长或者监护人提供的信息很可能让学校或者教师在教学中免去一些不必要的官司。

由于美国公立学校的孩子来自社会的各个阶层，因此学生们的家庭构成、文化背景以及宗教信仰都是错综复杂的。如果校方和教师缺乏对这些学生的了解，就很可能在日常教学中无意冒犯到学生或学生家长，从而引来不必要的麻烦，甚至可能让教师乃至学校都陷入法律诉讼之中。提前获得此类信息，有助于教师避免因为教学活动给学生以及其家庭带来无意的冒犯。

除此之外，对于来自离异家庭的学生，监护人必须在开学前向学校和班主任教师明确学生的监管权以及各自对学生所承担的责任。这其中包括学生成绩单送达方、学生每个星期分别在父母方留宿的日期以及参加学校活动和家长座谈会的分工等。

同时，出于安全的考虑，特别是在校药品和食物的安全，学生的过敏史和既往病史也是家长必须向学校提供的重要信息。这也是为了避免任何可能威胁到学生身体健康甚至生命安全的意外事件发生。

家长们填写的有关学生过敏史以及用药史的清单可以帮助校方和教师确保学生在校期间远离过敏源。

不过对于家长们来说,最重要的学前准备还是如何让孩子保持良好的心理状态,尤其是对一年级的新生家长们来说更是如此。为此,美国公立学校在正式开学前,专门为一年级的新生及家长设置了参观学校和教室的时间。在这一天,新生家长们可以提前带着自己的孩子来到学校,与自己的班主任教师见面并熟悉新的学习环境。

第二节　美国公立学校的出勤管理和日常学习安排

在介绍美国公立学校的出勤管理和日常学习前,让我们先来了解美国学区的学年和学期设置。

由于地区间气候文化的差异,美国公立学校并没有全国统一的开学日。各个学校会按照学区设置的本学期开学和放假日期进行教学组织。虽然开学时间各不相同,但美国公立学校每学年的时长为大致为 180 天,分为三个或者四个学期(quarter)。有趣的是,美国公立学校的学期与学期之间并不是以假期为划分标志的。某种意义上来说,美国学期的划分对于孩子们的意义远不如对于教师们来得重要。每逢期末前,教师们都是压力倍增,各种与本学期相关的学生成绩单、档案袋、教师评语都需要在规定日期前备好,经校长或者副校长过目并签字后再返给家长,并做好和家长会谈的准备。因此,学期末也是各位教师最为忙碌的时刻。

和中国一样,美国公立学校的每个学期内也穿插着各种考试及传统假日。为了方便家长了解新学年教学日程的整体安排,学区在开学前都会绘制本学年的学区教学日历并刊登在学区的网站上。各个学校则会在开学时通知班主任教师将纸质版本的教学日历发送给家长。教学日历上会用不同的颜色和形状对教学日进行标注，在日历下方还有对于特别日期的文字说明，例如家长会谈日、标准化统一考试日、成绩发送日、毕业日等。有些家庭可能会有在不同年级就读的孩子，为了便于家长了解每个孩子的学习日程和考试安排，这些文字对于考试以及毕业适用的年级等都一一作了说明。

图 3.1 是美国南卡罗莱纳州博福特学区 2015—2016 学年的教学日历。日历上用蓝色标注的日期就是学生需要到校的时间，用红色标

图 3.1　南卡罗莱纳州博福特学区 2015 - 2016 学区教学日历

注的日期是专属学生们的假期。在日历底部的小字是学区对于高中、初中以及小学各种重要教学日的备注,例如学生的返校日,每个学期的最后一天等。对于有在不同年级甚至不同学校就读的孩子的家长来说,一张教学日历可谓是既经济又实用。

虽说美国学校非常重视让学生在自由民主的氛围下愉快地学习,但这并不意味着学生可以"任意妄为"。美国公立学校对在学校就读的学生从出勤到着装都提出了详细的规定,而这些规定也正是学生们享受自由和民主的前提。下面就以希尔顿黑德岛小学为例来看看美国公立学校的出勤管理和日常学习安排。

一、出勤管理

按照相关要求,美国公立学校会对注册在籍的每个学生每学期每天的出勤进行档案记录。学期内学生无故迟到、早退或缺课的情况都会被一一记录,并由学校统一提交到学区。学生因为病假、事假迟到、缺课或早退,家长都需要告知班主任教师或相关负责教师。

在希尔顿黑德岛小学,班主任教师需要在每天上课后 15 分钟内把本班学生的出勤情况通报到前台秘书处。当数据传输到前台,会由专门的管理人员对每个班级的出勤情况进行汇总。如果学生未能按规定出勤,学校有权向家长或监护人了解原因。在了解情况的过程中,如果学校认定学生的缺勤与家长或监护人的失职有关,还可以向学区或者相关部门报告。一旦家长或监护人的失职情况属实就可能受到控告,情节严重者甚至可能被剥夺孩子的监护权。如果是学生个人原因造成的迟到、早退甚至旷课现象,校方则可以在告知家长的情况下,由行为指导教师对该生进行心理和行为评估,必要时还会采取强制性的行为矫正方案。如果出现某些不可控的突发状况,如天气原因造成的交通堵塞,导致校车以及相关路线私家车的迟到,学校则会通过广播统一告知班主任教师,由班主任教师对这些受影响学生的出勤进行具体的备注。

事实上,美国公立学校学生的出勤率已经成为学校教学质量评估的重要参考标准之一。出勤率的高低甚至可能会影响到学校来年的办学经费,因此学校也特意制定了相应的出勤管理制度,除了对不能按规定出勤的学生进行档案记录以外,为了提升学生的出勤率,不少学校还专门设立了全勤学生奖励机制。例如在希尔顿黑德岛小学的学期末,学校会为全勤学生开展冰淇淋 Party。举办 Party 的当天,校长会通过广播宣布全勤学生的姓名,听到自己名字的孩子会在其他学生羡慕的眼光中欢天喜地地前往聚会地领取并享用自己喜欢的冰淇淋。不过要做到全勤对于孩子们而言并不是一件容易的事,尤其是在感冒频发的季节,长时间密闭的室内教学常常让整个班的学生都无一幸免。因此,全勤的奖励对于学生们来说就显得弥足珍贵。

二、日常学习安排

与开学和放假没有统一的日期一样,美国公立学校也并没有全国统一的上课和放学的时间。不过通常来说,美国的小学生会在学校里待上 7 个小时左右。连续 7 个小时待在密不透风的建筑物里,对于小学生来说并不是一件容易的事情,对于教师们来说也不轻松。如何让这些孩子在 7 个小时里乖乖听话并且顺利完成一天的学习任务,是每个教师每天都需要操心的事情。现在就让我们一起来了解美国小学生这漫长的一天是如何度过的吧。

按照博福特学区 2012 2014 年期间的规定，学区管辖范围内的小学从每天早上 8 点半开始正式上课，下午 3 点 25 分正式放学。在此期间，各个学校可以按照自己的教学特点进行具体的教学安排。下面笔者继续以希尔顿黑德岛小学为例，来说说在这里学习的美国学生们一天的生活学习安排。

虽然正式上课的时间是早上 8 点 30 分，但很多学生在规定时间之前就会到达学校。按照学校规定，提前到达学校的学生不能直接进入班级教室。不过不用担心，学校为学生们提供了其他选择，譬如到学校食堂吃早餐，参加特别教学项目的学习班，或者去由志愿者教师负责统一看管的指定地点集合（通常是学校室内体育馆），等待上课时间的到来。临近上课前，学生们会按志愿者教师的要求，排好队集体返回自己的教室。此时的班主任教师早已准备妥当，在教室门口等候学生的到来。

相互问候是美国公立学校小学生们每日到达教室前必做的一项功课，其实就是让学生们向等候在教室门口的班主任教师道一声早安。在完成相互的问候以后，学生们就需尽快将自己的物品按要求放在指定的区域，然后拿出作业夹和家长联系本准备开始一天的学习。

作业夹是在开学初由班主任教师统一发放给学生的，每个文件夹的封面上都写着该学生的姓名。打开文件夹便能看见文件夹内侧左右各有一个用于存放文件的口袋。教师会在左右口袋分别写上“keep”（保持）和“return”（返回）两个词。放在“keep”里的文件就是学生可以带回家自己保存的各种作业、资料，放在“return”里的则是需要返回学校检查的作业、家长签字的授权书等。尽管如此，很多学生还是会弄错“keep”和“return”的位置，有时甚至干脆忘记了班主任教师布置给自己的任务。遇到这样的状况，班主任教师也只能直接和家长联系,告知需要完成的事项。

家长联系本是校方为家长准备的学校日程本。不要小看这个日程本,它对于教师的教学计划和教学管理有着重要的意义。每学期开学前教师们都会反复向家长强调联系本的重要性,并且请家长每天都要翻阅学生的联系本。如果有重要的活动或者通知,教师们都会事先在本子上做好标记提醒家长。不仅如此,这个本子同时也成了教师和家长间相互交流的工具,例如学生在校时做了值得赞扬的事情或发生了严重的违纪行为或身体突发不适等,教师也会在联系本上留言告知家长。同样,家长也会将学生在家的行为、兴趣爱好以及学生的行程安排等通过留言告诉教师。为了避免学生遗忘重要的通知,教师们有时还会将重要的文件诸如成绩通知、同意授权书等装订在联系本上让家长阅读后签字返回。不过贪玩的学生难免还是会把联系本抛到九霄云外,为了让学生们养成将联系本按时返回的习惯,教师们不得不设置额外的奖励制度,对按时返回联系本的学生给予一定的奖励。

美国公立小学每日的学习都会从值日生报告开始,其内容与各年级的教学大纲相关,例如一年级的学生主要以数字、天气、度量衡为主。如果当天有过生日的学生,全班还会集体祝贺小寿星生日快乐。

在完成简单的热身任务以后,学生们便在教师的带领下开始进入正式的学习。根据美国公立学校的日程安排,学生的学习时间很可能会一直持续到午餐之前。长达好几个小时的学习,对于小学生尤其是低年级的学生来说是相当艰苦的。不少孩子在学到一半的时候就开始抱怨。为了缓解学生的学习疲劳感,教师们常常会在科目教学转换的空隙带领学生们在教室内做一些简单的伸展活动,或者在教学时利用新颖的教学活动来激发学生的热情,调动学生的情绪。这样的学习日程也是美国小学教师热衷于设计各种动手性强的教学活动的原因之一。

相对于简单的四肢伸展运动,学生们对午餐的渴望自然是更加强烈。午餐时间是美国公立学校学生们最为活跃的时刻之一。用美国教师的话来说这是孩子们在校难得的社交时刻,不少学生都会趁此机会与同学交流放学后的各种趣事,譬如昨晚看的电视节目,参加的俱乐部比赛等,都是餐桌上永不过时的话题。在美国教师们看来,适当的社交对于青少年来说是非常必要的,因此只要学生没有过度吵闹,教师们都不会横加干涉。不过也正因为孩子们都聚在了一起,事故的发生也是在所难免的,例如餐盘被打翻,嬉戏过度引起的摩擦等都会让哭闹声充斥餐厅。于是当值教师们的哨子声便伴随着各种尖叫声此起彼伏,有时还不得不动用高音喇叭来提醒就餐的学生保持良好的秩序。

美国公立学校学生的午餐大致有两种选择:或者食用自带的午餐,或者在学校食堂购买午餐。因相关教育优惠政策的扶持,美国公立学校的午餐不仅非常便宜,菜品内容也十分丰富。学区当月的午餐目录及相关食品供应方的信息可以在学区网站查找到,学校也会在每月初将当月的午餐目录复印件发放到每个班级,由班主任交与学生带回家供家长参考。除了主食以外,每餐都还配有牛奶和水果。因此,除了申请贫困午餐补助的学生,很多工作繁忙的家长也会选择让孩子在学校购买午餐。为了方便学生就餐,希尔顿黑德岛小学在开学之初会为每位学生准备专属的午餐卡,家长可以定期往午餐卡里存钱,也可以在每月末根据学生的就餐次数和具体金额付款。

午餐时间还是家长对学生进行探视的最佳时刻。家长们的到来不仅会让已经学习了大半天的学生感到惊喜,还给孩子们带来了一个额外的福利,那便是可以挑选一位同学和自己一起,在家长陪同用餐处单独享用午餐。

快乐的时光总是过得很快,为了不耽误其他年级的用餐时间,午餐临近结束时教师们就会开始提醒学生们收拾餐桌。在学校用餐的孩子需要将餐盘归还到指定地点,而自带午餐的学生则需要迅速收拾好自己的餐盒,然后排队等待教师的下一步指令。

除了午餐,另一个让学生们最为活跃的时刻就是户外活动时间了。所谓户外活动时间,就是学生们在班主任教师的带领下在学校操场进行自由活动的时间。前文已经提到,出于安全以及其他相关因素的考虑,美国学校建筑的设计几乎是密闭的。根据美国公立学校的课程安排,学生们在校的大部分时间都是待在密闭的室内空间里。这对正处于生长发育期的孩子来说自然是不太舒服的。为了保证学生的健康,美国公立学校也特意为每个年级的学生安排了大约 20 分钟的户外活动时间。和前文提到过的科任轮转时间一样,每个年级也有着各自活动的时间段。有的被安排在午餐前,有的在午餐后,有的在下午放学前。这样安排一来是因为场地有限,二来也是为了保证学生的安全。由于各个年级的学生处于不同的身体发育期,孩子们在户外活动时也被赋予了不同的活动权限。出于安全的考虑,不同年级往往不会被安排在同一时间进行户外活动。

户外活动的场所其实就是校门外的学校操场。美国公立小学的操场面积并不大,但通常都会配备供学生游乐的设备,比如秋千、滑梯、攀岩墙等。户外活动时的小学生,有在游乐设施上流连忘返的,有躲猫猫捉迷藏的,也有静静地坐着聊天的。

在这 20 分钟的休息时间里,学生们可以按规定尽情玩乐。所谓的规定,是教师及学校出于对学生人身安全的考虑,根据学生的年龄和身体发育情况制定的一些规矩,比如禁止快速奔跑打闹,禁止低年级学生使用攀登类设备等。这是孩子们在学校十分放松的时刻，但却是教师们最为紧张的时刻。操场上的教师们虽然时不时地相互交谈，却无时无刻不在盯着在操场上自由奔跑的学生，以防安全事故的发生。虽然这是孩子们一天中唯一接触清新空气的时刻，但总还是会有与之失之交臂的学生。一些因上课违反纪律的孩子不得不先接受面壁或者走圈的处罚，而没有按时完成课堂作业的学生也不得不在这个时候继续自己未完成的学习任务。

结束一天中唯一的户外活动以后，回到教室的孩子们在教师的带领下继续进行学习，直到校长通过广播宣布放学。随着放学广播声的传来，孩子们终于完成了一天的在校学习任务。听到放学指令的孩子们开始兴奋地收拾自己的物品准备回家，而这时候的班主任教师则需要完成当日教学的最后一个环节：将这些因放学而亢奋不已的学生分为私家车接送队伍、校车接送队伍以及课后俱乐部队伍三个部分，并等待着各自负责的志愿者教师前来接手。

不过，完成了在校日程的孩子们还可能有着各种课外俱乐部的活动需要参加。虽然美国的孩子们不会为了各种考级证书去参加课外辅导，但家长们为了让自己的孩子得到更全面的发展，还是会送孩子去一些兴趣俱乐部。最受美国孩子和家长欢迎的是运动类的俱乐部，比如篮球、橄榄球、棒球等。在第二章介绍美国校园的体育文化时，笔者提到过这一方面和美国社会崇尚体育的传统有关，另一方面是因为参加各类体育活动早已成为美国人主要的社交方式之一。在很多美国家长看来，体育锻炼不仅能让孩子拥有健康强壮的体魄，还有助于让孩子养成坚韧不拔的品质，并且让孩子们通过参加各种体育活动拥有属于自己的社交圈。只要家庭可以负担，很多家长都会让孩子们从小参加各种体育俱乐部。这些俱乐部的活动往往占据了孩子在学校生活之外的大部分时间，因此也成为美国孩子成长中很重要的组成部分。一些同班的孩子甚至是因为参加同一个俱乐部才相互熟悉起来的。为了和班里的小朋友有共同的话题，孩子们还会主动向父母提出要求希望参加某个课外俱乐部。有些孩子甚至每天都有不同的俱乐部课程需要参加。

当然，除了让孩子能得到全面发展之外，有时也是因为家长工作太忙没有足够的时间照顾小孩不得已而让孩子参加课后俱乐部。这些被称为放学后俱乐部的学习团体既有学校教师组织的，也有专门的辅导教练开设的，从形体舞蹈到数学美术无所不包。

对于处在小学阶段的孩子们来说，他们参加这些俱乐部更重要的是体验竞技体育带给自己的快乐。父母们也会在孩子参加俱乐部活动以后和孩子沟通，了解孩子们的感受，然后决定是否继续留在这个俱乐部。最后，家长和孩子都会发现最适合的项目，然后再由多项专攻单项。不过，如果孩子已经加入某个俱乐部练习了两三年，却突然想放弃的时候，美国的父母们则会选择和孩子们一起分析想要退出的真实原因及利弊，然后再作决定。当然这里面也有家长们一些现实的考虑，一位妈妈在与我聊天时就提到自己的苦恼，她的练了三年体操的女儿想要终止锻炼。她说她也知道女儿很辛苦，但是一想到这些年的努力都白费了，就很犹豫自己最终的决定，这其中很大一部分原因是这三年来花费了大量的时间和金钱。

完成了课外俱乐部的活动，孩子们回到家里的最后一项日程便是完成家庭作业及阅读任务。由于时间紧迫，不少孩子的家庭作业是在回家路途中的汽车上完成的，作业质量自然可想而知。对于教师来说，这可不是一件值得高兴的事情。每每批改这样的作业，教师们就会非常头痛甚至深感不满，认为频繁的课外活动对于学校知识的学习，巩固和提高毫无益处。不过一些家长对此却不以为然，在他们看来，体育运动有着不亚于学习的重要性。为了保证孩子们有足够的运动时间，家长甚至会要求教师减少作业量，这也让不少美国教师抱怨不已。

第三节　美国公立学校学生的着装管理

在美国学校实地教学的经历，打破了笔者之前对于美国基础教学的自我想象，理由之一便是美国校方对学生穿着的管理。在东亚地区，中小学的学生身着统一样式的校服到校学习并不是新鲜事，甚至可以说是司空见惯了。然而让笔者没有想到的是，在追求“自由民主个性”的美国，居然也对学生的着装提出了管理规定。

不过与国内校服制度不同的是，虽然美国公立学校也要求学生们的着装必须符合学校要求，但这些校服却并不是颜色单一的制服样式。有关着装的要求学校会在学生入学之初发放给家长。孩子们可以在许可的范围内进行自我搭配。如果有需要，家长也可以随时登录学校网站进行查询。

就样式而言，各个公立学校对学生们的要求都相差无几：男生是带领的 T 恤上装配长（短）裤装，女生除了与男生一样的着装以外还可以穿着符合规定的裙装，包括半身裙和连衣裙。由于样式都大同小异，因此大多公立学校都是依靠服装的颜色和校徽作为区分自己学校学生和其他学校学生的标志。一般来说，每个学校都会设定 3 – 5 个代表颜色，本校学生只能穿着相应颜色的服装到校上课。学校管理人员和教师对学生到校衣着的颜色都十分敏感，一旦发现了颜色不符合规定的，会立即要求学生到指定地点更换着装。至于学生们哪天想穿哪个颜色就完全交由学生自己决定。同时,为了增强学生的荣誉感和归属感,学校也会鼓励学生穿着印有本校校徽的服装,因此,很多学生家长在为孩子订制服装时还是会将校徽一起印制在校服上。

有时除了着装的款式和颜色,很多学校还对学生的穿着细节提出了具体的要求。例如,希尔顿黑德岛小学要求男生上装的T恤底边必须塞入裤装内,并且系上皮带;当室外气温较低时,如果学生穿戴了外套、手套、帽子或者围巾,到了空调开放的教室也都需要按规定脱掉并放置在属于自己的柜子里。

为了保证学生每天的着装符合要求,家长会在开学前为孩子定做足够量的备用服装。学校里也会备有各种尺寸、颜色、款式的校服,以便在学生着装不合规定或衣服被意外弄脏时可供替换。为了给学生起到模范带头作用,校方常常会鼓励教师身着与学生同款的服装。很多家长在参加学校活动时为了给自己的孩子加油打气,也会特意穿着校服出席。因此,很多学校也提供成人尺寸的校服,一方面供教职工购买,另一方面也方便满足部分家长参加学校活动时的需要。

学校偶尔也会对学生们的着装网开一面,允许他们在特定的日子穿着自己喜爱的衣服到学校上课。这些特定的日子通常都是一些主题日,学生们只要穿上与主题相关的衣服到校即可,比如球队日,孩子们会穿上自己最喜欢的球队的衣服,童话日又会打扮成童话里自己最喜爱的角色,到了历史人物日更是满校园的“林肯、华盛顿”等。在这些特别的日子里,平日里穿惯了制服的学生们各个神采飞扬,精神抖擞。

其实美国学区对公立学校学生着装做出统一的规定主要出于以下几点考虑:其一,为了方便学校日常纪律教学管理,尤其是在学区举行大型活动时,教师们根据衣服的颜色大致就可以知道自己学校的方阵以及学生所处的位置。其二,统一的着装可以在一定程度上避免学生为着装花费过多心思而影响学习效率,并且可以有效避免学生间的攀比行为。

美国公立学校的学生除了族裔的多样化外,家庭的生活环境和物质基础也大不相同。在公立学校就读的孩子大多都来自物质生活水平较低的家庭。笔者记得有一次在做班级圣诞活动时,一位家长志愿者给每个学生都准备了送给圣诞老人和驯鹿礼物的材料。按照习惯,孩子们需要将这些礼物放置在卧室的窗户下以表示对圣诞老人和驯鹿的谢意。当大多数孩子都欢天喜地地制作礼物的时候,一位女孩略显为难地问笔者说:“我没有卧室,家里没有窗户该怎么办?”在那一瞬笔者竟然有点不知所措,于是只能安慰她说,放在门口也是一样可以表达自己心意的。当然,也有很多在同一间教室学习的学生却有着天差地别的成长背景。当学生们统一着装坐在教室里一起学习玩耍时,真的很难想象这里面既有靠领救济过活的贫困家庭的孩子,也有住着豪宅的富裕人家的孩子。

第四节　美国公立学校学生的家庭作业

在本书第二章关于美国公立学校教育的介绍中笔者曾提到过,美国公立学校大多会为学生准备好教材并将教科书放置在教室里供学生们上课使用,而学生们在校的学习用品也会在开学第一天由教师统一收集管理,在需要使用时进行统一发放。按理说对于既不用背着课本和练习册,也不用准备学习用具的美国公立学校的学生们来说,书包似乎并没有太大用处。可是令人意外的是,在美国公立学校却时常能见到背着超大书包的学生,有的甚至用上了拉杆箱。看着这些背着大型书包的孩子，人们或许不禁会感到疑惑：他们的书包里到底装了些什么呢？

对于公立小学的学生们来说，每天书包里最不可缺少的两样物品就是上文已经提到过的作业文件夹和家长联系本了。除了文件夹和联系本，学生的书包里还会装有需要归还的阅读书籍。这些书籍大多是班主任教师根据学生的阅读水平分发给学生带回家完成阅读的，或者是上图书馆阅读课程时科任老师分发给每位学生的图书。通常这三样物品都会在每天早上正式上课前由学生们放在指定的位置，便于教师检查或者统一归还。

中国有句古话叫“民以食为天”，这在美国也不例外。餐盒、水壶和零食都是学生书包里必不可少的部分。不过这并不意味着美国的孩子可以在课堂上随意吃零食。一般来说，除了水壶可以摆放在桌子上随时饮用以外，其他食物只能在特定时间享用。允许学生在校吃零食，很大程度上是因为美国公立学校日程安排的缘故。这些正处于生长发育期的学生们从到达学校以后一直到午餐前，需要进行长达好几个小时的学习。为了避免长时间的学习影响孩子的健康，或学生因为感到饥饿而不能集中精力学习，不少公立学校都会允许学生在校食用家长准备的零食。不过为了提倡健康饮食以及保持教室的整洁，学校和教师会建议家长准备一些健康食物，比如水果、蔬菜或者营养棒等作为学生的在校零食。

偶尔也会有学生偷偷把自己的新玩具或者刚刚在俱乐部比赛中获得的奖赏塞进书包以便作为自己在校的谈资，这样的行为多少会给教师的课堂管理带来一些麻烦。为了既满足学生想要分享的心情，又避免自我夸耀的行为在学生中流传开来，很多教师都会在班上设立专门的集体分享时间。分享前学生需要事先取得教师的同意。集体分享既可以满足学生向同班同学展示自己"战利品"的自豪感,又可以锻炼学生在公众前的演讲能力,同时还避免了因学生私下谈论而影响教师的正常教学管理,可谓一举多得。

或许你会问,之前不是说美国教育界和家长都不提倡给学生布置家庭作业吗,为什么作业夹仍是学生书包里的必备之物呢?其实美国公立学校的学生们并不是没有作业,尤其是在小布什政府颁布《不让一个孩子掉队》法案以后,学校和教师都承受着标准化考试的压力,家庭作业的重要性也日益增加。只不过与中国的中小学生相比,美国公立学校学生的家庭作业量相对较少。

一般来说,公立学校学生完成书面家庭作业的时间不会超过一个小时,低年级学生花费在作业上的时间大致都在半个小时以内。

为什么说书面作业呢?因为除了书面作业以外,美国公立学校的学生还有其他需要在家完成的作业和任务,比如阅读。之前也提到过,美国教育界非常重视培养学生的阅读能力。为了让孩子们从小养成良好的阅读习惯,公立学校不但设有校内图书馆,每个班级还会有自己的班级图书馆。在班级图书馆里摆放着各类根据学生阅读水平分类的图书。既有经典著作,也有流行小说,教师会根据学生的阅读水平挑选适合阅读的图书。为了让阅读的过程充满乐趣,教师在挑选书籍时还会考虑学生的性格和爱好,因此多数孩子并不会觉得阅读是一种负担。不仅如此,校方还会鼓励家长每天抽出一定的时间陪同孩子一起阅读,以便更好地观察学生阅读习惯的变化和阅读能力的提升。阅读任务的时长和难度,随着年级和学生阅读能力的增长而增加,学生的词汇量也在这样的阅读过程中慢慢累积。为了扩大学生的知识面并鼓励学生们主动进行阅读,美国公立学校的教师也常常设置一些类似"全球变暖""人类进化""克隆"等专业性很强的话题供学生完成。为了完成这些任务,很多孩子都会到图书馆借阅书籍或者在网上查阅资料来获得相关的专业知识。因此,美国公立学校的学生到了高年级就开始在教师的指导下做一些需要大量材料支撑的专题论文报告也就不足为奇了。

书面家庭作业都与当天学习的数学和语文(阅读理解、单词拼写等)课程相关。以希尔顿黑德岛小学一年级学生的作业为例,就是一张 A4 纸大小的数学作业和印有一个短故事的阅读作业。数学作业是与教材相配套的练习,大都不超过 10 道题。语文作业是完成500 字以内的阅读并回答相关问题。这些家庭作业既可以让家长了解学生在校的学习内容,又能帮助学生复习和巩固课堂知识。不仅如此,一些家长还会就学生家庭作业的完成情况与教师进行沟通,使教师能得到更加准确的教学信息反馈,从而制定更适合学生的教学计划。因此,适当的书面作业也受到了大部分家长的理解和支持。

如果家庭作业受到了一个班里大多数学生家长的质疑,教师就必须重新审视自己对于学生家庭作业的规划。正如前面多次提到的,美国很多家长认为孩子的全面发展不仅仅在于书面知识的学习,而更倾向于让孩子参加课外体育锻炼和才艺学习。即使没有社团或者俱乐部的活动,很多家长也会自己带着孩子进行户外活动。为了让孩子度过愉快的周末,美国公立学校的教师一般不会在周五给学生们布置任何的家庭作业。

姓名 ______________________________

练习
11-1

整10 的减法

找出答案

1. ______个10 － ______个10 ＝ ______个10

______ － ______ ＝ ______

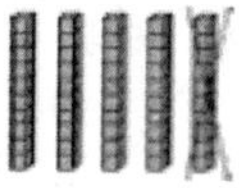

2. ______个10 － ______个10 ＝ ______个10

______ － ______ ＝ ______

3. ______个10 － ______个10 ＝ ______个10

______ － ______ ＝ ______

代数

4. 按照算式画掉几个10 。把算式写完。

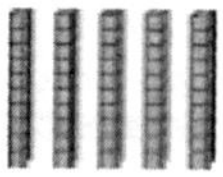

5 个 10 － ______个 10 = 3 个 10

50 – ______ = 30

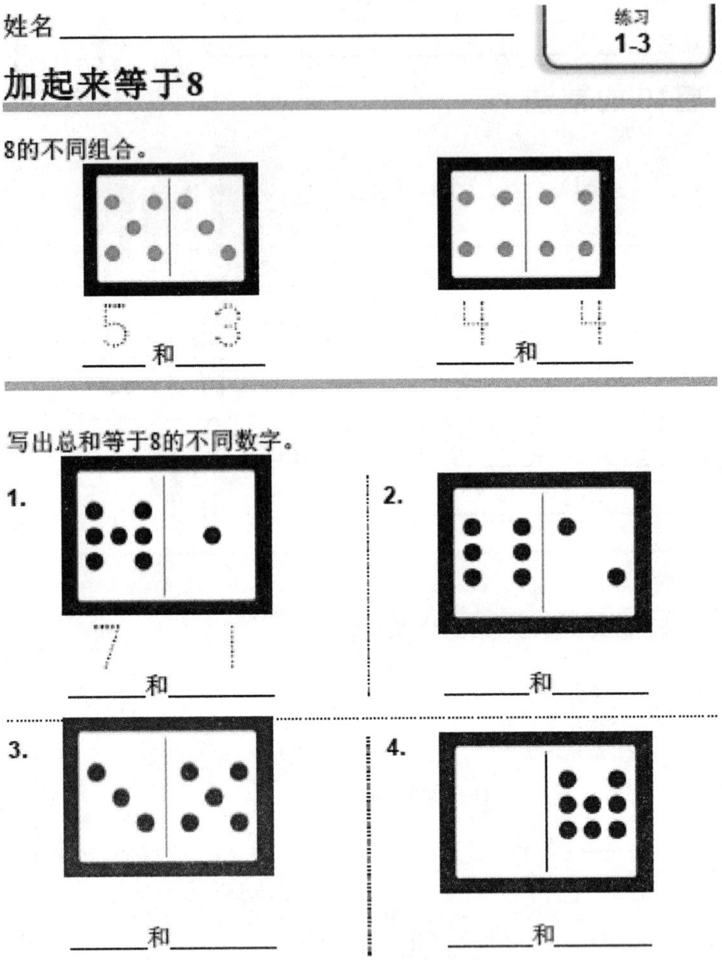
姓名＿＿＿＿＿＿＿＿＿＿

练习 1-3

加起来等于8

8的不同组合。

5 和 3

4 和 4

写出总和等于8的不同数字。

1. 7 和 1

2. ＿＿和＿＿

3. ＿＿和＿＿

4. ＿＿和＿＿

图 3.2　美国 pearson 教育出版社中文沉浸式小学一年级数学作业习题页

第五节 美国公立学校学生的考试和成绩报告单

美国公立学校的学生们也有着各种各样的压力，其中最为普遍的是学校考试所带来的压力。总的来说，美国公立学校的考试分为标准化测试和日常测试两种形式。标准化测试类似中国的统考，而日常测试则相当于随堂考试。由于性质的不同，这两种考试有着截然不同的考试流程。首先来了解一下最为普通也是最为常见的日常测试。

美国公立学校的日常测试分为总结性测试和形成性测试两种。总结性测试主要是阶段性考察学生的学习情况和教师的教学效果是否达到了预期目标，一般在每周教学单元结束以后以及学期末进行。每周随堂的总结性测试主要是检查学生在本周内的学习情况，包括单词拼写、数学计算等。虽然是随堂测试，也十分强调考试纪律。为了保证测验结果能客观地反映学生的学习能力，教师通常会把学生分散开来或者用纸质的挡板将学生隔开。除了某些特殊的计时测验，考试时教师并不会催促学生完成试卷。如果有学生提前完成考试，教师会给他们分派一些学习任务或者让这些学生安静地等待直到所有学生都完成考试。如果是计时的测验，教师们则会严格地控制考试时间，比如一年级的两分钟数学测试，要求学生在规定时间内完成 80 道 1 - 2 位数的加减法试题。这时学生们便各显神通，或者掰着手指或者划着竖线来帮助自己进行计算。当教师宣布考试时间结束并要求全体学生停笔时，还是会有学生偷偷多写一两个答案。相对于其他时候的和颜悦色，美国教师们这时会非常严厉地要求学生停止“cheating”（欺骗）的行为。随堂测试的目的是帮助教师了解本班每个学生现阶段所处的学业水平，大多情况下教师只会告诉学生们本次考试的合格分数线，让学生们知道自己在本阶段的学习中是否达标，并不会特别地表扬满分或者高分学生。

至于形成性考试，则是对学生知识理解和运用情况的测试。与总结性测试不同的是，形成性考试并不是测试学生们是否知道正确答案，而是证明他们是否能够利用已经学习过的知识去解决实际问题。通过这样的测试，教师不仅可以获取有关教学效果的反馈信息，还可以得到关于学生行为能力、情感倾向以及心理状态等方面的情况，非常有利于教师们在教学中发现学生的潜质。在美国公立学校日常教学中，教师们有着丰富多样的测试方式：既有小组合作，也有个人独立完成的；既可以是实验设计，也可以是书面报告。在形成性测试中，学生们面对的大多是一些需要运用已知的知识去解决的开放性问题。教师会通过提问的方式和学生进行互动。这样的互动环节，其实也是形成性考试中的重要一环，在互动中教师们能够更加直观地了解到学生对于该部分知识的学习和掌握情况，也避免了学生们在学习中“知其然而不知其所以然”现象的发生。

相比于总结性测试，形成性测试不仅形式更加多样，考试的结果也更受到重视。这样的考试时间有时甚至会持续一周，考试的内容涉及本教学单元的重要知识点。在考试周期，教师每天都给学生们一定的时间来完成这些形成性测试的任务。在全体学生的形成性测验任务完成后，教师还会让每个学生进行自我阐述。最后教师通过学生的自我阐述和任务完成情况，同时综合学生本阶段学习的整体表现给出评定分数。

相比于上面提到的日常考试，标准化测试的考试流程就显得非常正式了。美国学校的标准化测试既有传统笔试，也有上机考试。考前教师会针对不同形式的标准化测试，专门就考试日程安排和考试流程向学生作出说明,必要的时候还会进行模拟测试训练。

上机考试对于大多数美国中小学生来说并不陌生。正如上一章曾提到过的 MAP TEST。作为标准化测试中的一种,始于学前班的 MAP TEST 让美国的孩子们从学前教育期间就开始接触上机测试,因此很多接受过学前教育的一年级的学生,对于电脑考试的操作早已是轻车熟路。对于部分第一次参加上机测试的学生,教师则会进行个别辅导讲解。为了进一步确保这些学生了解考试流程,教师们还会在考试前为这部分学生进行模拟测试,让孩子们在模拟测试中进一步熟悉和体会考试的具体程序。

正式考试时大都按班级进行。具体的考试日程安排会在考试前发放到各班,供教师了解后安排当天的教学日程。到了考试时间,班主任教师会将学生们领到指定的考场。电脑室的负责教师会提前将学生的姓名输入每一台备考电脑,学生们只需找到屏幕上显示自己姓名的电脑即可。

一切准备就绪后,学生们就可以开始答题了。考试正式开始前,主考教师会再次宣布考试的注意事项以及考试纪律,提醒学生们在考试中不可交头接耳等。在这类标准化测试中,学生完成了考试,分数就会直接出现在电脑屏幕上,而教师则会在第一时间记下该名学生的成绩。虽然当所有考试完成以后,教师就会收到本班学生的电子版成绩报告单,但是很多教师还是习惯在学生完成考试后就立即记录,以便自己能预先掌握学生们的考试情况。

MAP TEST 没有具体的时间限制,学生只需要完成所有的备选考题即可。由于学习水平和自身能力的差异,学生们完成考题的速度和所需时间也会有所不同。为了让完成考试用时较短的学生不影响其他学生的测验,电脑室的负责教师通常还会准备一些图书,供完成试题的学生阅读。有时各班班主任教师在出发前也会让学生们各自携带一本图书,以便提前完成考试的学生有事可做。当本班大多数学生都完成了测试,并且已经到了另一个班的测试时间时,教师就会带领着已完成测验的学生回到教室,留下少数还未完成测验的学生继续考试。如果有学生因为特殊原因错过了当天的考试,也可以在其他时间进行补测。

除了 MAP TEST 以外,美国公立学校的学生还需要参加一些其他的标准化测试。这些测试大都是在《不让一个孩子掉队》法案颁布以后,由联邦、州以及学区制定的。具有代表性的联邦标准化测试包括供4 年级、8 年级和 12 年级学生参加的 NAEP(The National Assessment of Educational Progres)测试以及从幼儿园到高中的学生都需要参加 ACCESS(Assessing Comprehension and Communication in English State - to - State for English Language Learners)考试。州立标准化测试则是每个州根据本州教育情况制定的,以南卡罗莱纳州为例,该州公立学校学生需参加的州立标准化考试包括面向 3 年级到 8 年级学生的 SC READY 考试;4 年级到 8 年级学生参加的 SC PASS (South Carolina's Palmetto Assessment of State Standards)考试,还有为有认知障碍学生、ELA 学生以及为天才学生专门设定的标准化测试等。这些考试既有机考也有笔考,既有限制考试时间的,也有不限考试时间的。其中一些考试甚至会持续三四个小时,这对于还处在成长期的孩子来说,要完成这类考试并不是一件容易的事。

虽然这些考试内容也涉及自然科学和社会科学,不过目前美国公立学校的标准化测试主要还是针对学生的英语阅读理解以及数学能力而进行。就标准化测试考试内容来说,基本上都是对本阶段学生对所学知识的掌握情况以及应用能力的测试,并没有所谓的教科书原题。考试中有时也会出现超过阶段教学计划的题目，不过这并不会让教师过分担心。据说这样是为了发现“天才学生”而有意设计的。随着美国政府越来越重视标准化测试的结果，不少公立学校的教师也在重压下不得已开始了应试教育，尤其是在考试前，教师都会对学生进行一些突击性的教学训练，以便于学生能够更好地应对考试。除此之外，学校也会进行各种考前动员会，一方面组织教师们学习各种标准化考试的要求，另一方面也会发动家长在考试期间全力配合，帮助学生做好迎考的准备。在这样的氛围中准备考试，尤其是高年级的学生必然也会感到压力倍增。因此在标准化测试完成后，学校或者教师还会特意筹备一些庆贺活动，让学生们好好放松一下。

介绍了这么多关于美国公立学校标准化测试的事项，是不是已经有点颠覆大家对美国公立学校学生们日常学习的传统印象了？不过这还不是美国公立学校学生们考试压力的全部。应对考试固然充满了压力，而接受考试结果对于学生们来说又是另一种压力体验了。

美国公立学校学生的成绩报告单通常可以分为两种：一种是被称为 Report Cards 的成绩通知单，一种是被称为 Progress Reports 的学习进展报告。学生的成绩通知单和学习进展报告将由班主任教师按照学区在校历上标注的日期发送给学生家长，家长在阅读后需要签字并返还回执单。不论是成绩通知单还是学习进展报告都只记载学生本人的学习情况，并不会对学生在班级或者年级所处的排名进行标注。

美国公立学校的成绩通知单或许并没有具体的分数，而是记载了有关学生学习行为以及学习效果的等级评定。学校会要求教师按照所在州和学区的相关要求，对学生该学期在校期间的各科学习情况进行综合评定。学生的“形成性测试”成绩会成为主要的参考标准，这也是美国公立学校格外重视“形成性测试”的原因之一。

在南卡罗莱纳州博福特学区，公立学校的学生家长会在每个学年的10月、次年1月、3月以及暑假前分别收到学生的成绩通知单。各个公立学校会根据本学区和州政府的要求自行制定自己学校的成绩通知单。隶属于博福特学区的希尔顿黑德岛小学的成绩通知单上设有两栏：一栏是学生的成绩评定，各科教师会根据学生的平时表现以及作业的完成情况给出A、B、C、D四个等级的评定，如果该学生没有参加该门课程考核，或者该学科不适用于学生，教师则会以NA（Not Applicable，不适用）作为标志；成绩单的另一栏是教师对于学生学习习惯和技巧的评定，在这一栏教师会结合学生平时在学校的学习习惯和技巧给出E（Excellent）、G（Good）、S（Satisfactory）和N（Needs Improvement）四个等级，分别代表优秀、良好、合格和需改进。成绩通知单的最下面一栏是家长签字的回执单。

与成绩通知单不同的是，学习进展报告的重点是汇报学生在本阶段的学习进展状况。相比于成绩单上学生成绩的等级评定，报告上更多的是教师的评语，内容包括学生在本阶段的课堂表现、参与的学习活动、学习成绩评价、学习进展以及对于学生在下一阶段学习的期望等。根据博福特学区的安排，家长们通常会在9月、11月、次年2月和4月分别收到有关学生的学习进展报告。和成绩通知单一样，在学习进展报告的底部也会有需家长签字的回执单。

无论是成绩通知单还是学习进展报告，都需要教师在指定日期登录特定的教学系统报送给学校的负责部门，然后再由该部门统一输出打印并将单据送达给各班的班主任教师。班主任教师在收到纸质版数据后会按学生姓名分别装订，最后交给学生。

标准化测试的成绩单也会在考试后发送给各位学生家长。这些成绩单都有各自的计分方法，如果家长不太理解计分方法可以询问学校或者教师。以之前提到过的 MAP TEST 为例,图 3.3 是某学生参加 MAP 阅读考试的成绩单。每一个学生的 MAP TEST 成绩单上都会有三条不同颜色的曲线:其中深蓝色的曲线就是该名学生每次 MAP 阅读考试成绩的连线,曲线尾部的虚线表示根据学生之前的学习发展轨迹预测的学生在下一次考试时可能取得的成绩;橙色曲线表示该学区在同时段参加同样考试同年级所有考生阅读成绩的平均值;浅蓝色线条则是 NWEA 对所有参加该考试的同年级学生进行标准化研究得到的数据。

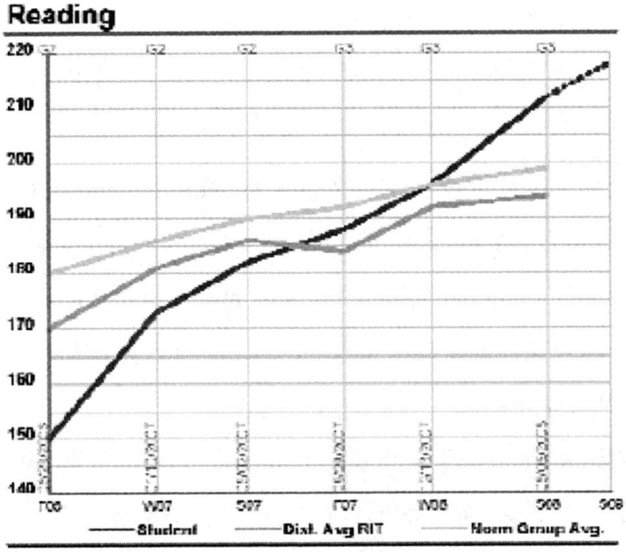

图 3.3　某学生 MAP 阅读考试成绩单

(摘选自 Annotated Reports - MAP © Revised4/2012 Northwest Evaluation Association™, NWEA. org)

由于 MAP TEST 本质上是一种对学生学习发展轨迹进行描述的考试,因此 MAP TEST 的成绩单主要体现的是学生考试成绩的发展变化。在 MAP TEST 中,家长关心的主要是自己孩子本期考试是否有所进步以及孩子在同年级学生中所处的位置。通常说来,MAP TEST 的个人曲线都是呈上升趋势的,所以如果孩子的考试成绩突然下降,就会引起家长的疑虑和担忧,这时教师就会和家长一起分析造成孩子成绩下降的原因。说到这就不能不提一下美国公立学校的家长座谈会了。

第六节　美国公立学校学生的家长座谈会

在美国,对于拥有监督权和参与权的学生家长来说,参加家长座谈会也是体现家长权益的方式之一。美国公立学校的家长座谈会大致可以分为两种:面向全体学生家长的座谈会和针对个别学生进行的家长座谈会。

面向全体学生的家长座谈会又被称为 Students - Parent Conference(学生 - 家长会议)或者 Students - Parent - Teacher Conference(学生 - 家长 - 教师会议)。这种家长座谈会通常是由学生、家长和教师三方共同参与。虽说是面向全体学生,但是会议的召开方式却是以家庭为单位,由教师和学生家庭一对一进行。

一般来说,成绩报告单送到家长手里以后,教师们就要开始着手准备座谈会了。由于是一对一的形式召开,所以每个家庭必须在参加会议前敲定自己的会议时间。为了避免时间冲突,教师们会事先将座谈会的备选时间发给家长。这些备选时间基本上精确到每点每分,家长们可以按照日程安排来选择适合自己的时间。

在收到家长们的回复以后,教师会根据家长们选择的时间段进行统筹安排,然后以时刻表的方式发送给家长。家长们只需要按照时间表上自己家庭的会议时间按时到达教室即可。

由于教师和家长日程安排的限制,很多座谈会只能定在教师早间上课前或者下午放学以后召开。从开始到完成需要好几天的时间,有时甚至会持续到晚上八九点钟。

这样长时间的作战对于教师来说并不是一件容易的事情,但是对于孩子们来说却别有一番趣味。正如座谈会的名称一样,孩子们在会议中具有“重要的”作用。在座谈会中,学生不仅仅是一个旁听者,还是一个主动的参与者。每个家庭座谈会开始之前,教师都会让学生拿出自己的作品档案夹,向家长展示自己近段时间在学校里的学习成果。展示完成之后,学生们还会分享自己在近段时间的学习心得,高年级的学生还可能会谈谈自己下一个学习周期的学习目标等。待学生完成汇报后,教师和家长之间的会谈就正式开始了。在低年级的家长会座谈中,教师还会给学生安排一个小小的学习任务,阅读一本自己喜欢的书或者是完成涂色游戏。

由于是一对一的会谈,要保证每一个家庭的座谈会都能够按照时刻表的安排顺利进行,教师们对时间的掌控就显得格外重要。不过虽然教师们每一次都希望将谈话控制在时间范围内,但很多时候却事与愿违。不仅仅是因为家长们出于对自己孩子的关心希望与教师多聊一会儿,还因为在有限时间内教师需要完成很多预定任务,包括向学生家长展示学生的成绩记录、学习分析以及对标准化测试成绩单数据进行讲解等。因此,每次家长会前,教师们都会再三确认会议中可能会用到的有关学生学习情况的各种文件,并且按照座谈会时刻表对这些文件进行排序,以便家长和学生到来时,能够迅速找到相关资料。这不仅仅能够节约时间,还能在家长面前体现教师的职业素质。

会议开始时,有经验的教师往往不会急于开始正式的谈话。他(她)们会先询问家长们的近况,有时还会逗逗与学生一同前来的弟弟妹妹们。当然这样的座谈会场面会让人觉得十分滑稽,比如教室里同时摆放着几辆婴儿车,并且充斥着此起彼伏的哭闹声。随着寒暄的进行,感觉周围气氛已经比较放松的教师们就会在此时切入正题。会谈的内容主要还是围绕着学生该段时间的学习进行,教师也会询问学生在家的一些情况以进一步了解学生的个性和兴趣。当然会谈的重中之重就是教师们与家长一起根据标准化测试成绩对学生的学习进行分析。这些成绩单并不仅仅是学生考试的分数结果,还会有很多其他指标。这些指标的具体含义并不是每一位家长都能理解,因此需要教师们负责将主要指标的含义告诉家长,然后开始解答家长的疑问。如果是参加了特殊教育项目的学生,负责学生特殊教育的教师也会一并出席。当参加座谈会的学生家长不能使用英语与教师进行沟通时,还会有可以帮助翻译的教师陪同参加。不过学校里并不一定备有所有语种的教师,所以有时还可能会求助于学校里同语种的高年级学生充当临时翻译。

虽然语言不通的家长往往会把教师们弄得筋疲力尽,不过却也为教师们深刻了解每一位学生的家庭环境提供了难得的机会。正如前文所提及的那样,由于美国公立学校就读的家庭基本无需承担任何经济压力,所以美国公立学校也成为美国大多数家庭孩子接受教育的首选。正因为如此,美国公立学校里自然也就充满了来自不同文化背景以及生活在社会各个阶层家庭的孩子。只有了解自己班上学生的成长环境,班主任教师才能在教学中更好地进行针对性教学。而这种"学生 - 家长 - 教师"三方共同参与的座谈会,正好为教师们提供了深入了解学生家庭情况的机会。虽然与家长会谈的时间不长,但是对于有经验的教师们来说已经足够了。通过面对面的会谈,教师们不仅可以获取关于学生家庭情况的信息,还可以感受到家长对于孩子教育的态度。

美国公立学校召开这种一对一的家长座谈会时,有的家庭全家出动,有的家庭可能只派出一位监护人作为代表,还有的家庭干脆不出席会议。出席时家长们的着装也各不相同,有西装革履的,有休闲轻便的,还有穿着工作服匆匆赶来的。座谈会进行期间家长们的谈吐风格也是大相径庭,有的趾高气扬,有的温文尔雅,有的却唯唯诺诺。除此以外,家长们在言谈间流露出的对于教师和自己孩子的态度当然也是不尽相同。

提及家长对自己孩子的态度,很多人都觉得中国的家长过于宠溺孩子,可是当笔者来了美国以后却发现,美国家长在这方面的“功力”也丝毫不落下风。他们在接受他人对自己孩子的夸奖时几乎是来者不拒,而且还会毫不客气地顺杆而上告诉你,他(她)的孩子的确很出色。更有甚者拒绝承认自己的孩子有缺点,一旦自己孩子出现不良的行为习惯或者学习成绩不让人满意,便全部归罪于学校教师或者同班同学,动辄要求教师反省道歉。教师们在家长会上如果遇到这样的家长,那么会议就并不是一件容易的事情了,教师既要有礼有节,又要坚持自己的原则和底线。不过好在也不是所有的家长都这样,理性的家长也还是多数。相对而言,来自亚洲和拉丁美洲文化圈的家长对学校和教师的态度就要谦逊得多,这或许也和各自生活的文化背景相关。

除了上面提及的这种面向全体学生家庭的座谈会,美国公立学校还有一种针对个别学生单独召开的座谈会。这种会议既有校方向家长预约的,也有家长向校方或者教师提出会谈要求的。这些会谈大都是因为学生在校时期持续发生一些不良行为或者存在一定的学习问题而召开。每次会议的参与人员、持续时间都需要视具体情况而定。这种单独召开的家长会与上面提到的面向全体学生家长的座谈会相比,紧张的意味更多一些。

在这些单独召开的会议之中,最常见的是家长与班主任教师之间的座谈会。这种约谈可长可短,有时家长只是想定期了解一下孩子在学校的表现,有时可能是因为孩子出现了让家长有所担心的言语或者行为,有时还可能是家长对孩子的学校教育感到不满。不论是何种原因,由于座谈会不能占用教师正常的行课时间,因此家长必须事先和教师进行预约。

如果是由于某个学生出现了某种特别需要注意的行为问题,或者某个学生经过诊断需要参与某种特别教育项目,而校方又需要征得家长或监护人同意时,也会召开单独的家长座谈会。不过这种座谈会一般涉及的人员较多,因此需要照顾多方的时间安排。一旦确定的时间需要占用教师的正常行课时间,相关教师就需要提前联系代课教师,请代课教师在会议期间代替自己执行预定的教学任务。

第七节　美国公立学校学生的集体活动

说到美国公立学校学生的生活,就不能不提那些别具特色的集体活动。笔者到了美国公立学校以后发现,正如传闻所说的那样,美国学生的校园活动可谓丰富多彩,有时候甚至多到了让班主任教师们头疼的地步。笔者曾听到不少教师抱怨这些没完没了的活动不但影响了自己的教学安排,还让孩子们在上课时无法集中精神。

但是不管怎样,各种集体活动还是有声有色地进行着。这些隔三差五的集体活动既有学术性的,也娱乐性的,还有寓教于乐的;既有以班为单位的,也有以年级为单位的,还有以个人为单位的。不过不管是什么样的集体活动,美国公立学校都把“重在参与”四个字发挥得淋漓尽致。不论是家长还是教师,大家都觉得孩子们应该从活动中获得的是快乐并享受快乐。

一、既动脑又动手的学术活动

学术活动是美国公立学校非常重要的集体活动之一。为了鼓励学生在学习中积极发现问题并运用所学的科学知识解决问题，养成主动思考的习惯并提升与他人共事的协作能力，美国公立学校会定期开展各类学术活动。从参加者的范围来说，既有面向全校学生的，也有只面向某个年级的；从活动的性质来说，既有竞赛性质的，也有展示性质的。

在美国公立小学的高年级学生就会尝试在教师的指导下做一些正规的学术专题报告。在学生开始正式着手学术专题报告之前，学校还会为学生招募自愿的导师。这些导师都是在收到学校动员邮件以后，自愿报名成为指导教师的。学生在确立了选题以后就会按照日程安排和自己的指导教师预约见面。每次见面时，学生们都会带上写有自己各种想法的本子和导师交谈。导师们则会通过一连串的启发式提问让学生反思自己的设计是否可行，是否有更好的方法，又是否还有改善的空间等，让学生们对选题进行分析和改进。讨论过后，学生们就要开始通过各种方法搜集和阅读大量的材料来论证自己的选题。这样的学术主题活动不仅能让学生涉猎很多的专业知识，熟悉有关学术专题论文的写作方法，还能锻炼他们的自主创新和动手实践能力。当最终的成果呈现在人们面前时，你或许无法相信这些制作精良的报告竟然出自小学生之手。

然而这还没有结束，当所有学生都完成了自己的专题报告以后，学校还会特别安排时间让孩子们对自己的专题进行展示和演讲。笔者曾受邀参观了一次希尔顿黑德岛小学五年级学生的专题学术展示报告会。每个班级的学生都按专题分成了 3 – 5 人小组，每个小组都用课桌搭建了属于自己的临时展台。在每个展台前都放置着学生自己制作的展板，虽然风格各异，但都陈述着自己鲜明的观点。如果你走过展板来到学生们的展台前，热情的组员们就会通过他们制作的 Power Points 向你详细地演示和讲解他们的专题。选题从物种进化到大气变暖再到可回收材料，看着这些几乎涵盖了最新热门话题的研究报告和孩子们认真而自豪的表情，你不得不承认他们真的很用心。

除了高年级孩子参加的学术专题报告活动，美国公立小学还有很多其他动手性极强的学术专题活动，其中最具规模的要算面向全校学生的“Science Fair”了。所谓“Science Fair”就是学生的“科技成果展示会”。在展示会举办前，校方会鼓励家长和学生一同制作参展的作品。和高年级孩子们的学术专题报告一样，参加“Science Fair”的学生需要自主选题并且完成论证以及最终的展板制作。相对于理论研究性更强的学术报告会，科技成果展示会上的作品更偏重于实践性。在这里既可以看到初级的实验观察记录，也可以看到高阶的机器人模型。当所有的作品都按时提交以后，就会有专门的评委对这些作品的创意和制作进行评奖。所有的参赛作品都会被放置在特别的地方进行展出，而获奖的参赛作品则会被授予特别的奖章。在作品展出期间，每个年级的学生都会在班主任教师的带领下进行参观。虽然大多时候孩子们都会非常有序地进行观摩，但有时还是会免不了对这些作品进行一番评头论足。因此，参观之前教师们都会再三强调要尊重每一件作品，不要随意触碰。

二、娱乐休闲以及节日庆典

说到美国公立学校里的集体活动，当然也少不了各种富有参与性的娱乐休闲庆典活动。这些活动大多与美国的传统节日相关,庆典大都设置在晚上,比如最受孩子们欢迎的万圣节之夜。万圣节当天放学以后很多学生们都会回家换上节日的装扮,再跟随父母到学校参加庆典。当孩子们再次回到学校的时候,会惊喜地发现整个校园里都弥漫着万圣节的气氛,南瓜、女巫等各种装饰散落在每个角落。主会场里的各种活动专区也早已准备就绪,活动的负责教师们准备好了丰富的奖品等待着孩子们的到来。

各个庆典活动的道具和奖品都是由年级教师在课余时间抽空完成的,在活动当天,教师们自然也就担任了活动的负责人。庆典活动大约会持续 2 个小时左右,随着学生和家长们渐渐离场,教师们也开始收拾活动中使用过的各种道具,以便迎接第二天的日常教学。

在举行传统节日庆典活动的同时,学校还会设计一些与学生家庭互动的主题日,比如以家庭为主题的品汤之夜、妈妈的蛋糕日(Mom's Muffin)、爸爸的甜甜圈日(Dad's Donuts)等。在这些主题日,学生和家人们支付少量费用就能获取丰盛的食物,所以大家的参与热情非常高,到来的人数也经常超出预期,让负责食物供应的志愿者们应接不暇。

当然,在众多的娱乐活动中自然也少不了专门为学生们开设的游乐活动,比如广受孩子们喜爱的"Water Day"(玩水日)。Water Day 是大型户外活动。负责举办活动的公司和志愿者会在活动前一天将各种供孩子们玩乐的水上设施安装完毕。这些设施大都是一些临时使用的充气型水池和滑梯。在各项安检合格以后,这些设施就可以投入使用了。毫无疑问,这样的活动能在炎炎夏日中为孩子们带来无尽的欢乐和清凉。不仅如此,家长委员会还会给学生们提供各种冰凉的饮品和零食,因此,孩子们对这一天的到来也是无比的期盼。活动当天得到家长许可参加玩水的孩子们会身着泳装,以班为单位开始享受幸福的玩水时光。在希尔顿黑德岛小学的玩水日里,所有的水上游戏中最受学生们欢迎且最具互动性的环节,就是投球入水。这是一个精心设计的游戏环节,游戏的主体是一个充气水池,里面放满了水。水池上方是一个座椅,直接连接着水池旁边的一个圆形标靶。游戏开始前,一位教师或者家长志愿者会坐在水池上方的椅子上,学生则会得到三个棒球大小的球。此时学生需要将球使劲儿投往水池旁边的靶子,如果正中红心,椅子就会塌陷,而椅子上的人就会应声入水。为了增加游戏的乐趣,班主任教师们往往都会在自己班学生投球时坐上这随时可能塌陷的椅子,等待着孩子们一次次的掷球。随着孩子们的球中靶心让教师们一次次落水,师生关系也因游戏而变得更加融洽。

三、理论结合实践的考察互动

为了配合教学大纲的教学并让学生更好地掌握本单元的学习内容,美国小学生的校园生活中还有很多寓教于乐的集体教学活动。这些活动既有室内的,也有室外的。其中最让学生们兴奋的是略带远足性质的 Field Trip,也就平日里所说的郊游。不过比起纯粹玩乐性质的郊游,美国公立小学的这些 Field Trip 带有更多的学习性质,通常是为了能帮助学生们更好地认识自己所生活的自然环境和人文历史。一般而言动物园、自然公园、社区机构、博物馆等都可能成为 Field Trip 的备选地。至于距离选择的远近和所花费的时间则与学生的年级相关。高年级学生的 Field Trip 很可能花去一整天的时间,而低年级学生的 Field Trip 往往只需一两个小时。由于 Field Trip 需要离开校园去到实地学习,根据美国相关法律,学校需要事先取得家长同意的授权书并安排足够的监护人共同前往，因此，在 Field Trip 前一周，教师就会把授权书发放给学生，并告诉学生如果没有家长回复就不能参加此次活动。如果在活动开始前一两天学生还没有返回授权书，班主任教师也会尝试与家长进行直接联系，确认家长的意见。在一切就绪之后，孩子们就可以在教师的带领下乘校车出发了。正如上文提到的，这种远足更重要的目的是让学生们更好地学习知识，因此在到达目的地以后，会有专门的负责人对此活动涉及的知识点进行全程的解说。这些受邀为学生们进行讲解的人员大都是具有丰富理论基础和实践经验的专家。在活动中他们不仅会进行生动的知识性讲解，还会让学生们参与实际的互动体验，比如让学生们体会植物的气味，动物的触感，观察庄稼的生长等。

在一次主题为“认识当地植被”的一年级学生 Field Trip 中，讲解人就为孩子们准备了一次特别的用植物涂鸦的 T 恤活动。活动开始之前，讲解人员会事先准备一些当地特有的各种形状的树叶、树枝和树根以及各种颜料。在讲解学习环节结束后，这些讲解人员们便带领着孩子们来到早已布置好的场地，向学生们展示如何利用植物作画。在完成注意事项的说明之后，教师们就把早已让家长们准备好的、写有学生姓名的白色 T 恤分发给学生，一拿到 T 恤，学生们就立即进入到兴奋而快乐的创作之中。每次 Field Trip 接近尾声的时候，孩子们也已经是收获满满。回到学校后，学生们还会在教师的带领下对当天的学习体验进行回顾，大家一边看着视频回放，一边相互讨论自己的学习体会。不要小看这个讨论，这也是重要的形成性评价测试之一。

四、定期的表彰集会

毫无疑问，适时和适当的鼓励及表彰能有效调动学生的学习积极性。为了提高学生们的学习积极性,激励学生取得更优异的成绩,美国的公立小学大都会定期对表现优秀或者取得显著进步的学生进行表彰。这些定期的表彰大会通常按年级召开,开会时校长或者副校长会亲自为获奖的学生进行颁奖。由于每次大会都有不同的主题,因此获奖者并不一定总是学习成绩优秀的学生。在美国公立小学,体贴帮助同学、富有包容心、尊重他人、善于探索等都会成为获得奖励的原因,而在该段时间里取得了显著进步的孩子也会得到嘉奖。不过这样的定期表彰大会往往还肩负着一个重要的任务,那就是让孩子们更进一步理解颁奖的意义。俗话说,“外行看热闹,内行看门道”。为了不让表彰会流于形式,主持大会的校长或者副校长会在颁奖前通过讲故事或者提问的方式与学生们进行一些与该次表彰大会主题相关的互动。虽然这些互动都是为了进一步加深学生对于此次表彰大会主题意义的理解,但却并不受孩子们的讨厌。相反提问环节总是会场最热闹的时候,每当问题一出,孩子们就迫不及待地举起手来想要成为那个回答问题的幸运儿。不过,虽然大家都争先恐后的举手,可孩子们的答案却是千奇百怪,甚至让在场的教师们也都忍俊不禁。

互动环节结束后,就进入到了正式的颁奖仪式环节。颁奖人通常会先宣布获奖人的班级。一听到班级,孩子们就会自动将目光投向该班的学生,然后相互猜测谁会是那个幸运而光荣的获奖者。随着名单的公布,获奖人在全年级师生雷鸣般的掌声中一一登上讲台并接受颁奖。每次表彰大会的奖品都很简单,通常是有校长签名的奖状以及铅笔、橡皮擦一类的学习用品。相比奖品而言,对于获奖者和参与者来说,更重要的是自我价值的展现和认同,尤其是对于那些平时在班级里表现并不突出甚至稍显落后的获奖者来说,在全年级集会上接受公开授奖对其自尊心的提升有着重要的意义。很多时候为了激励每个学生都努力争取获奖机会，教师们在每次表彰大会前，都会反复告知学生本次评选的主题，让学生们在学校的学习和生活中自觉地注意自己的行为规范。

那么这些获奖者是怎么评选出来的呢？在希尔顿黑德岛小学，每次获奖学生的名单都来于自班主任和各位科任教师的推选。班主任教师会根据本段时间学生的表现和表彰大会的主题分别选出一名进步最大和最符合主题的学生。科任教师们则会聚在一起从整个年级的上课情况中集体推选出获奖学生。为了让尽可能多的孩子获得嘉奖，班主任教师可谓费尽了心思，不仅要细致地记下以往每次获奖者的名单，还要综合考量每位学生近期的表现，才能最终定下获奖者名单。确定名单以后，教师们还需要在奖状上写下授予获奖者嘉奖的原因，诸如帮助同学、独立完成作业、按时完成阅读任务、书写端正等。最终这些奖状会统一送往校长办公室，由校长签字确定。教师们并不会提前透露获奖名单，以便表彰大会时能带给学生们意外的惊喜。不过在表彰会前夕，教师们常常会跟获奖学生的家长们“通风报信”，而愿意到学校来见证并记录学生获奖时刻的家长们就会事先做好准备，到了颁奖的时候出现在孩子的面前表示祝贺，并且跟孩子一起分享获奖的喜悦。

五、大型演出活动

提到学校的集体活动，当然少不了既热闹又精彩的各种大型演出。这既是全校师生们齐聚的时刻，也是学校与家长进行互动的机会。美国公立小学的集体演出既有为了某个纪念日或者某个纪念人物的特别舞台，也有为了配合单元教学而进行的知识汇报表演。演出进行的形式多种多样，有音乐剧、戏剧，也有歌舞、诗朗诵。大多时候美国公立学校的集体演出几乎都是全校学生总动员。本着重在参与的原则，不管台词长短、戏份多少，教师们总是努力让每一个学生都能在表演中找到属于自己的角色。为了让最终的舞台呈现出理想的效果，负责策划演出的教师需要和学生们一起进行长时间的反复练习，直至演出前夕，从表演所需的各种道具、服装细节乃至角色安排都饱含着教师们的良苦用心。不仅如此，教师们通常还会制作精美的节目单，将每个节目按表演顺序排列，并且在节目后面将参与表演学生的名字一一罗列，然后在表演当天分发给前来观看演出的教师和家长。

演出当天，学生们即使准备得再充分，也还是会有些紧张，但是对舞台和自我展现的渴望早已让他们跃跃欲试。虽然没有对演员们进行精挑细选，多少会让演出的质量有些参差不齐，不过在美国校方看来，这些活动不仅仅是单纯的舞台表演，更重要的是通过这样的活动，培养学生的团体合作意识，提升自信心，并拓展学生的思维，激发创造力。因此，相比整齐划一的表演，让每个学生都参与其中才是举办这些活动的首要目标。而且孩子们可爱而笨拙的样子，给观众们带来快乐之余往往还会让人疼爱不已。

在培养学生的合作意识和创新思维的同时，寓教于乐也是这些大型演出肩负的重任之一。其实舞台演出也是美国基础教育的重要组成部分，从着手准备到演出结束的过程，可以充分锻炼学生的语言运用能力、思维创新能力、团队合作精神、肢体协调能力并促进人格的全面发展等，对于提高学生的综合素质有着重要的意义。不仅如此，舞台表演还能让学生们通过“体验式的学习”和“情绪记忆”在学习中实现内外部的和谐统一。因此，美国的公立学校常常喜欢利用舞台表演来加深学生对于所学知识的记忆和理解。美国的民主进程、世界的多元文化、人与自然的和谐统一等主题内容，都能在教师们的精心策划以及学生们的通力合作下精彩地呈现在舞台上。

此外，在美国公立学校还常常举办学生自我展示的才艺秀。和其他集体演出一样，这些才艺秀也是重在参与。不管是刚刚能在钢琴上演奏“哆来咪”的超级新手，还是已经在当地各种演出中崭露头角的人气之星，只要敢来，这个舞台就是你的。作为自我展示的舞台，才艺秀的策划、道具、服装都是学生自己一手操办的。演出时，学生们时尚而青春的表演让舞台流光溢彩，也感染着在场的每一位观众，台上台下跟随着演出者的节奏而融为一体。

参考文献

外文参考文献

1. HESS F M, MEEKS O. School Boards Circa 2010: Governance in the Accountability Era [M]. the National School Boards Association\the Thomas B. Fordham Institute & the Iowa School Boards Foundation, 2010.

2. HOWARD G. Multiple Intelligences Go to Schools: Educational Implications of the Theory of Multiple Intelligences [J]. Educational Researcher, 2000, 18(8).

3. HOWARD G. Intelligence Reframed: Multiple Intelligences for the 21st Century [M]. New York: Basic, 2000.

4. WIGGINS G, MCTIGHE J. Essential questions: Opening doors to student understanding [M]. Alexandria VA: ASCD (Association of Supervision and Curriculum Development), 2013.

5. Fountas I, Pinnell G S. Guided Reading: Good first teaching for all children [M]. Portsmith: Heinemann, 1996.

6. WONG H K, Wong R T. The First Days of School [M]. Harry K. Wong Publications inc, 2009.

7. Thompson J G. The First - Year Teacher's Survival Guidel [M]. Jossey - Bass, 2007.

8. Prek – 12 English Language Proficiency Standards, CCSSO, 2014.

9. Ritchhart R, CHURCH M, Morrison K. Making Thinking Visible: How to Promote Engagement, Understanding, and Independence for All Learners [M]. Jossey – Bass, 2011.

10. U. S. Department of Education. Office of Educational Research and Improvement National excellence: A case for developingAmerica's talent. Washington, DC: U. S. Government Printing Office, 1993.

中文参考文献

1. 安晓敏,邬志辉. 美国中小学校车制度及其对我国的启示[J]. 外国教育研究, 2011(4).

2. 布鲁克斯. 建构主义课堂教学案例[M]. 范玮,译. 中国轻工业出版社,2005.

3. 古冬梅,洪明. 美国《不让一个孩子掉队》法案实施过程中的问题[J]. 教育发展研究,2009(17).

4. 冯帮. 美国校车运行制度对我国的启示[J]. 人权,2012(6).

5. 郭朝红,王彬. 美国学区的特点与运行机制[J]. 上海教育科研,2001(1).

6. 胡春娜. 美国中小学的责任意识教育——美国公民教育中心《责任》教材解析[J]. 教育科学研究,2013(5).

7. 李央,李知晓. 浅析美国中小学信息技术教育[J]. 教师,2011(14).

8. 李美锟. 美国公立中小学教育惩戒中的学生权利保护[D]. 沈阳:沈阳师范大学,2014.

9. 李志涛. 美国公立中小学信息化发展的纵横比较及启示[J]. 基础教育参考, 2007(5).

10. 李雪峰,何晓东.《不让一个孩子掉队》法案对中国教育的启示[J]. 宜宾学院学报,2011(10).

11. 刘建梅. 美国中小学生家庭作业研究及对我国的启示[D]. 沈阳:沈阳师范大学 2013.

12. 刘玉静,高艳. 合作学习教学策略[M]. 北京:北京师范大学出版社,2011.
13. 马赵阳. 当前美国中小学家校社合作初步研究[D]. 上海:华东师范大学,2013.
14. 马立武. 美国特殊教育与法律制度[J]. 外国中小学教育,2003(7).
15. 南怀瑾. 亦新亦旧的一代[M]. 上海:复旦大学出版社,2015.
16. 钱穆. 文化与教育[M]. 北京:九州出版社,2011.
17. 任志慧. 美国校车制度对我国校车发展的启示[J]. 亚太教育,2016(15).
18. 单中惠,勾月. 试析21世纪初美国基础教育公平政策[J]. 外国中小学教育,2011(4).
19. 尚靖君,王小溪. 教育公平实现的困境与出路[J]. 外国教育研究,2012(4).
20. 宋彬,黄琛. 美国基础教育的经费来源分析与思考[J]. 上海教育科研,2006(4).
21. 田茂,宋春来. 美国中小学安全教育的特点及启示[J]. 现代中小学教育,2013(12).
22. 孙来勤. 美国代课教师现象概况及启示[J]. 比较教育研究,2015(7).
23. 王春华,陈时见. 奥巴马政府教师教育改革计划述评——基于《我们的未来,我们的教师》的文本分析 [J]. 外国中小学教育,2012(8).
24. 王丽. 建构主义教学理论在美国的应用以及对教改的启示[J]. 潍坊高等职业教育,2009(12).
25. 王水娟,柏檀. 美国基础教育经费充足度及影响因素剖析[J]. 外国教育研究,2012(12).
26. 汪珍珠,傅新宇. 美国公立小学的阅读教学[J]. 中国科教创新导刊,2010(36).
27. 吴琳玉. 美国中小学教师绩效评价制度研究[D]. 福州:福建师范大学,2011.
28. 徐祖胜. 美国公立中小学不合格教师的解聘及启示[J]. 基础教育参考,2007(7).
29. 杨敏. 美国中小学家校合作的实践探析及启示[D]. 重庆:西南大学,2007.
30. 姚伟莉. 中美特殊教育比较研究[J]. 神州,2012(2).
31. 姚达.《不让一个孩子掉队法》对美国公立学校的影响[J]. 基础教育参考,

2007(10).

32. 于松梅,侯冬梅.美国《障碍者教育法》的演进及其特殊教育理念[J].辽宁师范大学学报,2008(7).

33. 于洪卿.美国中小学责任教育及其启示[J].中国青年,2008(5).

34. 张家勇,张家智,张跃庭.美国标准化考试改革[J].比较教育研究,2003(24).

相关资料及网址

1. Common Core State Standards Initiative, http://www.corestandards.org

2. Education in theUnited States, https://en.wikipedia.org/wiki/Education_in_the_United_States

3. Elementary school (United States), https://en.wikipedia.org/wiki/Elementary_school_(United_States)

4. EnVision Math, https://www.pearsonsuccessnet.com

5. Education in theUnited States, https://en.wikipedia.org/wiki/Education_in_the_United_States

6. International education, International Baccalaureate ©, http://www.ibo.org/

7. Individuals with Disabilities Education Act, http://idea.ed.gov

8. Role of School Boards http://www.centerforpubliceducation.org/

9. South Carolina Standards and Learning Supervision, http://ed.sc.gov

10. Teaching – certification, http://www.teach.org

后 记

2014年笔者顺利完成了赴美志愿教师的教学任务，时隔两年之后重返高校教学岗位。美国的教学经历让归国后的笔者对自己的日常教学理念有了更多的反思。所谓教学理念，是人们对教学认识的集中体现，是人们从事教学活动的信念。换句话说，教学理念对教学活动有着极其重要的指导意义。

作为一名教师，笔者对美国教育界关于“教”与“学”的认知和态度以及在实际教学中以学生为中心、由教师充当辅助者的教学模式感触颇深。近年来，中国教育界愈发重视和提倡将学习者置于教学中心的教学理念。但是在实际教学中，课堂上往往还是教师在“唱主角”。究其原因，除了长久以来的应试教育让中国的学生养成了几乎深入骨髓的听写式学习模式以外，或许多少还应该归因于将教师作为评估中心的教学评估体系。现行的教师评估制度也迫使不少教师，尤其是年轻教师为了让自己的课堂看起来“合乎现代化教学理念”，不得不花更多的精力在课件设计及自我“才艺”上。很多教师也因此揶揄自己似乎干上了与演员同样的职业，几年的教学生涯让自己在“说学逗唱”的道路上越走越远。这虽是玩笑话，却也反映出了不少教师的无奈之处。事实上，如果教师自身具备多种才艺，并能恰如其分地将自身才艺与教学内容相结合，自然会增添课堂的活跃气氛，不仅能吸引学生的注意力，还可以激发学生的学习兴趣，提高学生的学习效率。但是，如果是因评估制度或者讲课比赛迫使教师将有限的精力过多地用于各种“精美”课件的设计和个人才艺的展示上，必然会弱化学生在学习中的主体地位。因此，当大家在指责中国的学生缺乏学习主动性和思维创新性的时候，是否更应该从教育者以及教育体制本身去进行反省呢？如果中国的教育评估制度能够让教师从某些形式化的束缚中解放出来，是不是学生也会更加受益呢？

其次，让笔者反思的还有中美学校为学习者提供的“学习内容”的区别。在美国任教期间，笔者所感受到的美国学校在学校教育中，对学生从小进行的个人责任意识的培养、人际交往能力的训练似乎都是中国现行教育中缺失的。其实教育的最终目的，说到底是要培养具有创新能力并且能够推动社会向前发展的人才，而不是长于识记和重复的应试机器。然而至今为止，中国绝大多数地区的绝大多数学校的课程设置和教学内容仍然是以“知识”为主，即使在高校的课堂上也同样如此。正如钱穆先生所言，这样的教学使中国的学校似乎成了贩卖知识的高级商店。

如果对中国学校教育内容现状的原因进行分析，除去应试教育的制约，笔者以为还要归之于教学理念。或许因为近代西方列强用枪炮打开了中国的国门，给中国造成了各种灾难，让对于“落后就要挨打”有切肤之痛的国人开始了对于科学知识的追求。然而带着极度进步欲望的国人在学习西方先进科学的时候，却忽略了“知识”并不意味着一切，也不应该成为学校教育的全部。虽然不少有识之士也曾提出，学习不止于“知识”和“智力”的培养。然而很长一段时间里，在传统教学观念的影响下，中国的学校教育以及课程设置都执著于片面强调“知识的传授和智力的培养”，却忽视了“人格的锻炼和品性的陶冶”，更不用说创新性思维和动手能力的养成了。

2010 年 7 月，《国家中长期教育改革和发展规划纲要(2010 - 2020 年)》正式发布，其中第十一章在有关“人才培养体制改革”中明确指出，“深化教育体制改革，关键是更新教育观念，核心是改革人才培养体制，目的是提高人才培养水平”。同年 12 月 5 日，国务院办公厅印发《关于开展国家教育体制改革试点的通知》，并于 12 日在中国政府网全文公布，标志着中国国家教育体制改革试点工作全面启动。

观念的改变并不是一朝一夕的事情，更不是某一个群体单方面的责任。倘若真正要从根本上转变中国现有的教育观念，需要的不仅仅是教师对固有的教学观念进行改进，还需要社会各界的通力合作。然而，在现阶段，一旦说到“教育观念的转变”，大多数人却认为是教师的责任。客观来讲，就目前“高考”这一选拔“人才”的教育体系而言，要让中国的教师放弃以应付考试为目的的教书只会是纸上谈兵。即使有教师决心改变，很多时候也得不到来自学校或者家长的支持。因此，在中国的整个教育体制还没有发生根本改变却被要求建立“学生为中心”的教学模式时，教师们只能是有心无力。

教学理念的转变，甚至还牵涉到师生双方评估标准的制定、教学管理以及监督机制的运行等。说到这里，难免就会回到老生常谈的“教育改革”的话题上来。其实，自鸦片战争爆发以来，中国很多有识之士就对教育制度和教育理念进行了不懈的探索,提出了改革的主张并付诸实践。在这期间,这些教育改革先驱们也提出了很多的教学理念和构想,不管是“中体西用”“中西并重”还是“全盘西化”,其最后的失败都说明中国的教育改革还是要基于中国历史文化的特点,要结合中国社会发展的实情。我们需要正视的是,西方近代的教育理念以及学校制度,大都也是基于其本身固有的文化特点、社会需要以及客观存在所设立并且发展起来的。这些在西方社会和文化氛围下酝酿并建立起来的教育制度,在近现代的西方社会取得了良好的效果,并且近代以来,在西方各国经济和社会的发展中所占的地位也是不可小觑。这其中固然有值得借鉴之处,但这并不意味着中国的教育改革就一定要照搬西方的体制和理念。事实上,1898 年京师大学堂的设立不仅标志着中国近代国立高等教育的开端,也象征着中国的传统教育制度开始被西方的学校制度所取代。换句话说,中国现行的学校制度其实就是欧美国家学校制度的复制品。这些生于西方文化下的教育制度被移植到中国以后,似乎一直都有些“水土不服”。虽然美国教育制度下培养出来的学生在学习中所表现出来的学习主动性、思维创新性以及团体合作精神确实是中国教育目前所不及的,但美国的教育制度也并非十全十美,其基础教育制度也备受本土人民的指责。因此,要学习欧美所谓先进的教学理念,不是简简单单地“拿来”便可,也不仅仅是“去粗取精,去伪存真”,更重要的是需要找到具有中国特色的教育理念,并在此理念的指导下逐渐建立适合中国国情的教育体制。盲目地迷信西方的教育制度,只会让中国教育更加混乱而不知所措。

笔者以为,面对目前中国教育体制中存在的问题以及与欧美发达国家之间存在的教育差距,我们所要做的不是相互指责,也不是责任划分,而是集所有人的智慧与能力于一体,通过各方人士的齐心合作,从根本上改善中国现行教育中存在的种种不足,让受教育者能够真正从教育中受益。这样的改变或许需要很长的时间,但是笔者相信,若是能够坚持从实际出发,从小处做起,各方协调一致,重视整体规划,切忌急功近利,中国的教育改革一定能够到达理想的目标。